名师名校名校长

凝聚名师共识
固化名师关怀
打造名师品牌
培育名师群体

顾明远题

课堂的艺术

KETANG DE YISHU

基于双减背景下小学数学课堂教学艺术的研究与实践

李东金◎著

中国出版集团 现代出版社

图书在版编目（CIP）数据

课堂的艺术：基于双减背景下小学数学课堂教学艺术的研究与实践 / 李东金著. — 北京：现代出版社，2023.5

ISBN 978-7-5231-0297-8

Ⅰ. ①课… Ⅱ. ①李… Ⅲ. ①小学数学课－课堂教学－教学研究 Ⅳ. ①G623.502

中国国家版本馆CIP数据核字（2023）第072286号

课堂的艺术：基于双减背景下小学数学课堂教学艺术的研究与实践

作　　者　李东金
责任编辑　李　昂
出版发行　现代出版社
地　　址　北京市安定门外安华里504号
邮政编码　100011
电　　话　010-64267325　64245264
网　　址　www.1980xd.com
印　　制　北京政采印刷服务有限公司
开　　本　710mm × 1000mm　1/16
印　　张　14
字　　数　224千字
版　　次　2023年5月第1版　　2023年5月第1次印刷
书　　号　ISBN 978-7-5231-0297-8
定　　价　58.00元

目 录

CONTENTS

备课篇

评课篇

备课篇

备课是教师最基本的教研工作，备课能力是一个教师最基本的业务能力，这是不言而喻的道理。但是，在知识转型和教育改革的背景下，在2022年版的新课程标准全面推出后的今天，教师的这个能力遇到了时代的挑战，如何备课变成了一个新的研究课题。

备一节好课，与教师的经验积累、教学悟性、学习意识、交流意识有着很大的关系。所以，读书、与同伴与名师对话、实践、反思等成为教师成长的必由之路。

第一章　备课标

一、解读课程标准

课程标准是国家课程的基本纲领性文件，是国家对基础教育课程的基本规范和质量要求。课程标准对各学科的课程目标、各个知识模块的教学目标以及教学建议进行了非常精辟的阐释，如果能细细研读，不仅对实现各个知识模块之间的沟通与整合以及备课起到事半功倍的效果，也能为即将展开的教学活动奠定坚实的基础。因此，备课大可不必匆匆地从备教材开始，而是要从备课程标准开始，这样才能自上至下地备好课、上好课。

解读课程标准，首先要了解课程标准的构成。2022年版数学课程标准包含：前言、课程性质、课程理念、课程目标、课程内容、学业质量、课程实施等。备课时，要对这些内容有细致的了解。特别是在制订学期教学计划时，更要对各个学段的内容和要求仔细研读，整体把握数学学科在基础教育阶段的总体部署。在单元备课中，则要重点把握学习要求和活动建议。课程标准具有鲜明的学科属性和具体的学科内容及要求，以下撷取课程标准中的一些关键词进行解读，以为备课做好奠基。

（一）课程理念

义务教育数学课程以习近平新时代中国特色社会主义思想为指引，落实立德树人根本任务，致力于实现义务教育阶段的培养目标，使人人都能获得良好的数学教育，使不同的人在数学上得到不同的发展，逐步形成适应终身发展需要的核心素养。

1. 确立核心素养导向的课程目标

义务教育数学课程应使学生通过数学的学习，形成和发展面向未来社会和个人发展所需要的核心素养。

课程目标以学生发展为本，以核心素养为导向，进一步强调学生获得数学基础知识、基本技能、基本思想和基本活动经验，发展运用数学知识与方法以及发现、提出、分析和解决问题的能力，形成正确的情感、态度和价值观。

2. 设计体现结构化特征的课程内容

数学课程内容是实现课程目标的重要载体。

（1）课程内容选择。保持相对稳定的学科体系，体现数学学科特征；关注数学学科前沿与数学文化，继承和弘扬中华优秀传统文化；与时俱进，反映现代科学技术与社会发展需要；符合学生的认知规律，有助于学生理解、掌握数学的基础知识和基本技能，形成数学基本思想，积累数学基本活动经验，发展核心素养。

（2）课程内容组织。重点是对内容进行结构化整合，探索发展学生核心素养的路径。重视数学结果的形成过程，处理好过程与结果的关系；重视数学内容的直观表述，处理好直观与抽象的关系；重视学生直接经验的形成，处理好直接经验与间接经验的关系。

（3）课程内容呈现。注重数学知识与方法的层次性和多样性，适当考虑跨学科主题学习；根据学生的年龄特征和认知规律，适当采取螺旋式上升的内容，适当体现选择性，逐渐拓展和加深课程内容，以适应学生的发展需求。

3. 实施促进学生发展的教学活动

有效的教学活动是学生的学和教师的教的统一，学生是学习的主体，教师是学习的组织者、引导者与合作者。

学生的学习应该是一个主动的过程，认真听讲、独立思考、动手实践、自主探索、合作交流等是学习数学的重要方式。培养学生良好的学习习惯，使学生形成积极的情感、态度和价值观，逐步形成核心素养。

4. 探索激励学习和改进教学的评价

评价不仅要关注学生数学学习的结果，还要关注学生数学学习的过程，激励学生学习，改进教师教学。通过学业质量标准的构建，融合“四基”“四能”和核心素养的主要表现，形成阶段性评价的主要依据。采用多元的评价主体和多样的评价方式，鼓励学生自我监控学的过程和结果。

5. 促进信息技术与数学课程相融合

合理利用现代信息技术，提供丰富的学习资源，设计生动的教学活动，促进数学教学方式方法的变革。在实际问题解决中，创设合理的信息化学习环境，提升学生的探究热情，开阔学生的视野，激发学生的想象力，提高学生的信息素养。

（二）核心素养内涵

1. 核心素养的构成

数学课程要培养的学生核心素养，主要包括以下三个方面：

（1）学会用数学的眼光观察现实世界；

（2）学会用数学的思维思考现实世界；

（3）学会用数学的语言表达现实世界。

2. 在小学的主要表现

核心素养具有整体性、一致性和阶段性，在不同阶段具有不同的表现。小学阶段侧重对经验的感悟。在小学阶段，核心素养主要表现为数感、量感、符号意识、运算能力、几何直观、空间观念、推理能力、数据意识、模型意识、应用意识、创新意识。

二、怎样研读课程标准

（一）读前言，把握指导思想

2022年版课程标准在“前言”中，明确了指导思想：以新时代中国特色社会主义思想为指导，全面贯彻党的教育方针，遵循教育教学规律，落实立德树人根本任务，发展素质教育。以人民为中心，扎根中国大地办教育。坚持德育为先，提升智育水平，加强体育美誉，落实劳动教育。反映时代特征，努力构建具有中国特色、世界水准的义务教育课程体系。聚焦中国学生发展核心素养，培养学生适应未来发展的正确价值观、必备品格和关键能力，引导学生明确人生发展方向，成长为德、智、体、美、劳全面发展的社会主义建设者和接班人。

课程方案完善了培养目标。从有理想、有本领、有担当三个方面，明确了义务教育阶段新时代育人培养的具体要求，优化了课程设置，细化了实施要求。

课程标准强化了课程育人导向，优化了课程内容结构，研制了学业质量标准，增强了指导性，加强了学段衔接。

立足教育需求从“有学上”转向“上好学”，进一步明确了“培养什么人、怎样培养人、为谁培养人”，优化学校育人蓝图。

（二）读目标，增强目标意识

1. 确立核心素养目标

在数学课程中，应当注重发展学生的数感、量感、符号意识、运算能力、几何直观、空间观念、推理能力、数据意识、模型意识、应用意识、创新意识等核心概念。相关专家提炼出数学核心素养。数学核心素养可以理解为学生学习数学应当达成的有特定意义的综合性能力。

数学核心素养是数学课程目标的集中表现。它在学生的自主发展中发挥着不可替代的作用，是在数学学习过程中逐步形成的。数学核心素养包含具有数学基本特征的思维品格和关键能力，是数学知识、技能、思想、经验及情感、态度、价值观的综合体现。

数学核心素养既反映课程内容的主线，聚焦课程目标要求，也是学业质量标准的集中反映。

2. 熟记学段目标

课程标准在总目标之后，分学段提出具体目标，便于操作，利于实施。数学课程标准把课程内容分为数与代数、图形与几何、统计与概率、综合与实践四大领域，每个领域的内容按照“内容要求”“学业要求”“教学提示”三个方面进行呈现。

这些要求与提示直接指导着教师的教学，确保了教学的效益，必须熟读熟记，像于永正那样的一流名师都把课程标准中各学段的教学目标复印下来，贴在备课本的首页上，作为“教学指南”经常翻看，“温故而知新”。这样，从学段目标—单元目标—课时目标，“三位一体”，整体考虑每一节课。

3. 读“课程实施”，提高操作能力

课程标准的“课程实施”部分，分别就教学、评价、教材编写、课程资源的开发与利用、教学研究与教师培训五个方面提出具体建议。这些建议对于我们来说是非常宝贵的，可以说是“金玉良言”。比如，通过教材编写建议，我们了解了教材如何编写，了解了怎样才能成为更好的课程的实施者、开发者和建设者，才能更好地、创造性地理解和使用教材。

数学课程标准从教学、评价和教材编写提出了具体的建议。例如，在教学建议中，课标明确指出：“制定指向核心素养的教学目标，整体把握教学内容，选择能引发学生思考的教学方式，进一步加强综合与实践，注重信息技术与数学教学的融合。”这些教学建议聚焦实施过程的重点、难点，是行动的航标、教学的指南。

4. 读“附录”，和孩子一起成长

数学课程标准按四大领域（数与代数、图形与几何、统计与概率、综合与实践）在“附录”中收录了课程内容及教学建议中的93个案例，这些案例在说明中指出了学生相关知识背景的分析，并为在教学中如何设计呈现教学内容、如何设计数学活动、如何运用这些素材提出了针对性强、操作性强的实施意见，认真解读这些案例，就能高瞻远瞩、整体把握小学阶段的数学内容。

“磨刀不误砍柴工。”教师研读课程标准就是“磨刀”，然而，一些教师并没有意识到这一点、没有重视课程标准，只顾埋头使劲“砍柴”，而忽视了精准“磨刀”。“练武不练功，到头一场空。”教师不读课程标准，就如练武之人不练功。只有方向对了，才能彰显教学效能。

三、备课标做到“两要”

（一）钻研课程标准要做到“入乎其中”

对课程标准中的每一个细微之处都要认真研读。就一个具体章节而言，必须弄懂这个章节主要介绍哪些内容，每一部分内容要达到什么样的要求，各部分内容是怎样展开的、怎样论述的，各部分内容之间有什么联系；各部分内容涉及哪些基本概念，应当怎样定义，为什么这样定义，怎样指导学生理解这个定义；各部分内容涉及哪些基本法则、基本定理、基本公式，它们的内容是什么，数学表达式是怎样的，适用的条件是什么，是怎样总结推导出来的，课程标准要求学生掌握到什么程度。

（二）宏观把握课程标准要做到“出乎其外”

“出乎其外”，是说教师在深入钻研课程标准的基础上，一定要跳出课程标准看课程标准，这样才能在更高的层次上总揽全局、驾驭课程标准、厘清脉络、把握重点。

第二章　备教材

教材是教师落实课程标准要求的基本载体，是最基本的课程资源，也是政策性很强的课程资源。如果把课程标准比作圆心，那么教师对教材的理解、把握就是半径，无论圆有多大，都离不开圆心这个核心元素，教师通过解读教材来理解课程标准，同时用自己领会的课程标准精神来驾驭教材。但是，教材不是唯一的课程资源。

第一，必须重视其他课程资源的合理、有效的开发和利用，使教科书与其他课程资源相互补充、相互整合、取长补短。

第二，在使用教材上，要坚持“创造性地理解和使用教材”，实现“用教材教”而不是“教教材”的理想境界，让自己在课程改革中真正成为新课程教材的创生者、开发者、体验者、实践者，成为教育教学的决策者。

“这法那法，读不懂教材就没法；千教万教，教不好教材就白教。”但是，由于教材的相对固定性，我们还要根据时代的发展和学生的生活，自觉以课程标准的基本理念和培养目标去衡量、分析教材内容，创造性地用好、用活新教材。“年年岁岁‘课’相似，岁岁年年‘教’不同。”

我们如何读懂教材、钻研教材，实现“创造性地理解和使用教材”呢?

一、看懂教材，与编者对话

《教师教学用书》是教学的直接理论依据，是教师备课最重要的参考资料。《教师教学用书》的“说明”部分对全册教材的基本结构、主要特点、教学目标和需要注意的问题等进行了详细的阐述，这是我们把握教材和教学的重要依据，让我们“胸有全册”；《教师教学用书》的每个单元，先是“导读”，提示整章教材的主题、特点、训练点等，让我们“胸有全章”；《教师教学用书》的每节课时，包括教材解读、教学目标和教学建议等，让我们“胸有全节”。

（一）数学教材要做到“五读俱全”

1. 读“主题图”——把握教学主线

“主题图”是义务教育课程标准数学教材编写的一大特色，其意图在于体现数学课程标准中“从学生已有的生活经验出发，让学生亲身经历将实际问题抽象成数学模型，并进行解释与应用的过程”的基本理念。然而，由于“主题图”主要是以“场景”的形式来呈现学习素材的，虽然富有儿童情趣和丰富的现实意义，有利于调动学生已有的知识和经验，但教材是静态的，教材中的“主题图”是“半成品”，多是结论式的呈现而少了过程。静态的主题图受篇幅、教学内容、目标的限制又不可能把多元的生活因素都体现在一幅图中，如果教师不能深刻地理解和正确把握，“主题图”的应有价值就会大打折扣。

案例2–1：人教版一年级下册“20以内的退位减法”中“十几减几”

教材呈现了2个小朋友“观金鱼”的场景，一位教师在教学中创设了“小猫钓鱼”的情境，然后出示课件，直接提出书上的问题，让学生想办法解决。

显然这位教师缺乏对“主题图”的深入研读，没有领会到“主题图”中蕴含的“收集信息、提出问题”“从不同角度观察，会得到不同信息”的重要教学资源。教学的主线应该是引导和帮助，而不是代替学生发现和提出问题。

2. 读例题——寻找知识的连接点

例题是教师教学新知识的依据，又是学生获取新知识的载体。通过对例题的解读来弄清新课的目的，不仅是学生获取新知识的需要，更是教师创造性地使用教材和恰当选择教法的需要。这样的认识为我们把握本课的教学重点进行有效教学打下了很好的基础。教材中每个例题的呈现都负载着一定的知识结构，教师除了认真体会“主题图”的意图，还需要对本单元中的例题与本例题进行比较，辨析每个例题的侧重点，找出知识的连接点，从而正确领悟和挖掘数学知识中所蕴藏的数学思想和方法，准确定位课时教学目标。

案例2–1“十几减几”一课中，教材中并不是第一次出现“算法多样化”的讨论场景：教材图中左边的小朋友用“破十法”分别计算出了“13–7”和“13–6”，右边那位小朋友用“想加算减”的方法一次计算出了两道题的得数。但回顾前面的教材，我们发现，例1“15–9”中就已经呈现了“破十法”（10–9=1，1+5=6）和“想加算减法”（9+？=15）的思路，也提出了“你还可以怎样算？”的问题。这里仅仅是再次感受吗？细心的你还会发现，右边的男孩是这样思考的：“还是这样快！7+6=13，13-7=6，13-6=7。”

单单“还是这样快”五个字，就充分体现了教材前后的连接和层次的递进，足够我们做一番文章了：学生交流各自的算法、倾听别人的算法，还需要作出自己的比较、评价。“哪种方法最快？为什么？”教师要引导学生感受两道算式之间的联系和“想加算减法”的优越性。因此本课的教学目标就明显比前一个例题多了一个要求：初步体验“想加算减法”的优越性。有了比较、鉴别，教学目标也就更清晰、准确了。

3. 读旁注——进一步理解教材意图

教材中的旁注大多旨在明示例题学习中“问题解决的思路，为学生的学习探究与教师的教学做了明确的提示”。而教学用书尤其是新教材中详细的旁注更是进一步揭示了专家的思维过程，阐明了教材的编写意图。读这些旁注就抓住了教学的根与本，这是教师用“活”教材的前提和保证。

4. 读结论——引导学生深入思考

教材中的概念、性质、法则、公式、定律等都是以结论的形式呈现在课本中的，而这些结论的归纳和概括过程，教材是无法展示的。所以，教师要通过深入读结论，通过自己的思考为学生提供丰富的材料，引导学生经历观察、比较、分析、推理去发现规律，学会归纳与概括。一般情况下，我们至少要通过两个或两个以上的例子来引导学生经历观察分析、比较归纳概括的过程。值得注意的是，我们在得出结论后，还要让学生自己举些例子来进一步证明这一结论的真伪，或通过一些练习来进一步加深对结论的认识。

5. 读练习——促进目标的达成

教材的设计一般情况下一道例题就是一个知识点，一组例题就形成一条知识链。教材中安排的“做一做”是点对点的练习，是单一的练习，而课后练习的安排既有单一练习又有综合练习。教学中我们必须弄清每一道练习题的目的和所要达到的目标，做到有的放矢。读练习往往被我们忽略，我们常把练习当成习题集，从而使练习的效果大打折扣。

（二）读懂教材，理解编写意图

解读教材的一个关键因素是掌握教材的特点。教材的特点在一定程度上决定着备课的结构、教学活动的组织和教学方法的选择。根据不同教材的特点要选择不同形式的教法。因此，教师在研读教材的过程中，特别要理出教材的特点，这样才有助于根据教学目标有针对性地选择恰当、科学的教学方法。

老师读不懂教材，就可能使学生“误读”“误解”，明显偏离文本的价值取向，无所适从、无所作为，进而导致无谓的争执和无效的生成。

案例2-2：同分母分数加减法

在一次省级教学展示活动中，活动主题是特级教师、教学骨干、普通教师、获奖代表四人同上一节课——课标苏教版三年级上册“同分母分数加减法”。原教材中，这部分内容一般是安排在五年级学习了“分数的意义和组成”以后进行教学的，计算的算理是分数单位和分数的组成（如计算$\frac{2}{7}+\frac{3}{7}=\frac{5}{7}$，想：2个$\frac{1}{7}$加上3个$\frac{1}{7}$等于5个$\frac{1}{7}$，5个$\frac{1}{7}$就是$\frac{5}{7}$）。现在一课标苏教版教材将其移到了三年级上册，而且就安排在学生初步认识了“几分之一”“几分之几”后（“认识分数”单元第3课时）进行教学，因为教材中还没有安排“分数单位”和“分数组成”的学习，其计算基础主要还是学生刚刚接触到的对分数的认识（如$\frac{2}{7}+\frac{3}{7}=\frac{5}{7}$，想：7等份中的2份加上7等份中的3份，就是7等份中的5份，7等份中的5份就是$\frac{5}{7}$）。

教学展示结束后，四人中就有三人在教学中采用了原有的思路来组织教学，有的甚至抓住“计数单位”和“数的组成”大做文章，从“2+3”（2个1加上3个1）开始引入，到“20+30”（2个10加上3个10），再到“$\frac{2}{7}+\frac{3}{7}$”（2个$\frac{1}{7}$加上3个$\frac{1}{7}$等于5个$\frac{1}{7}$，5个$\frac{1}{7}$就是$\frac{5}{7}$），一步一步展开、迁移，概括出“相同的计数单位相加”的算理。因为没有“分数单位”和“分数组成”作基础，学生一个个被拖得晕头转向，课前，教师普遍认为“非常简单，几乎不用教，学生都会”的学习内容，教学40分钟后学生还是半悟半“雾”、似懂非懂。对此，有人说执教老师将学生的数学学习放在一个很大的背景下展开，教学有深度、有力度、有跨度。也有人认为，课堂完全是在演绎教者对教学的“独到见解”，在所谓的“有深度、有力度、有跨度”的一厢情愿的教学中，教学脱离了学生基础，偏离了苏教版教材要求。人们议论到最后，再次聚焦到“教材”话题：如何看待教材？如何尊重教材？如何理解教材？

如何用好教材？如何用“活”教材？对这些看似很老套、很传统的问题的回答，却往往成为组织教学、解读课堂之根本。

一位教师从苏教版教材编排的特征出发，重点让学生联系具体学习情境或素材，侧重对分数的初步认识基础，引导学生对同分母分数的加减法进行理解和运用，精心组织了如下的教学活动。

1. 引入

师：同学们最近刚认识了一种新的数，是……（学生齐答“分数”）。大头儿子过生日了，小头爸爸买回来一个蛋糕，他把蛋糕平均分成8份（出示一个圆，然后平均分成8份），大头儿子吃了其中的2份（将8份中的2份涂上黄色）。看到这个图形，你的小脑袋中想到了哪个数？

生：我想到$\frac{2}{8}$。

师：能具体说说你想到的这个$\frac{2}{8}$吗？

生：一个蛋糕，平均分成8份，大头儿子吃了其中的2份，也就是$\frac{2}{8}$。

师：你的意思是说，大头儿子吃的是这个蛋糕的$\frac{2}{8}$。（学生点头）你想的很对，从这个图上，大家只能看到$\frac{2}{8}$这个分数吗？

（教师的提问，引起了学生们的思考，陆续有人开始举手）

生：我还想到$\frac{6}{8}$，剩下的部分是这个蛋糕的$\frac{6}{8}$。

2. 展开

师：你能从吃的情况想到了剩下的情况，真不简单。（指着圆形图中的空白部分）

大家都看到$\frac{6}{8}$这个分数了吗？（看到了）。小头爸爸也吃掉了蛋糕的一部分（将圆形图中的3份再涂上红色），看到这个圆形图形，在你的小脑袋中又想到哪些分数？

生：我想到了$\frac{3}{8}$。

师：能具体说说你想到的这个$\frac{3}{8}$吗？

生：小头爸爸吃的是这个蛋糕的$\frac{3}{8}$。（教师指着圆形图中红色部分）

生：我也想到$\frac{3}{8}$，剩下的部分是这个蛋糕的$\frac{3}{8}$。（教师又指着圆形图中的空白部分）

师：哦，你们想到的这两个$\frac{3}{8}$，代表了不同的意思，大家看明白了吗？从这个图，你还能想到其他的分数吗？

生：我想到了$\frac{5}{8}$这个分数。

师：那你能给大家说说你想到的$\frac{5}{8}$是什么意思吗？

生：这个蛋糕平均分成了8份，大头儿子吃了其中的2份，小头爸爸吃了其中的3份，合起来就是5份，也就是$\frac{5}{8}$。

师：咦，你是想到了他们两个人吃的……（回答的学生接上教师的话“和”），也就是他们一共吃了这个蛋糕的——$\frac{5}{8}$。其他同学明白他的意思了吗？（学生点头示意）大家都明白了，那你能不能把他的这种想法用一道算式表示出来？同桌可以讨论。

生：$\frac{2}{8}+\frac{3}{8}=\frac{5}{8}$（教师板书）

师：对照这个算式，谁能再给大家解释解释为什么$\frac{2}{8}+\frac{3}{8}$等于$\frac{5}{8}$呢？

生：$\frac{2}{8}$表示的是8等份中的2份，$\frac{3}{8}$表示的是8等份中的3份，2份加3份就是5份，8等份中的5份就是$\frac{5}{8}$。（多个学生解释后，教师将算式中的分子“2”“3”“5”用红色描深）

师：你的想象能力真不错，从“相加求和”的角度想到了$\frac{5}{8}$，给我们打开了思路。还有人想到其他分数吗?

生：我想到了$\frac{1}{8}$。小头爸爸比大头儿子多吃了蛋糕的$\frac{1}{8}$。

师：你能将你的这个想法用算式表示出来吗?

生：$\frac{3}{8}-\frac{2}{8}=\frac{1}{8}$。

师：看懂的请举手。（大部分学生都举起手）那谁能解释一下?

生1：这个蛋糕平均分成了8份，小头爸爸吃了其中的3份，大头儿子吃了其中的2份，小头爸爸比大头儿子多吃了1份，也就是$\frac{1}{8}$。

生2：$\frac{3}{8}$表示的是8等份中的3份，$\frac{2}{8}$表示的是8等份中的2份，3份减去2份就是1份，8等份中的1份就是$\frac{1}{8}$了。（学生解释后，教师也将算式中的分子“3”“2”“1”用红色描深）

师：谢谢你们。你们又换了一种思考角度，从“求差”想到“小头爸爸比大头儿子多吃了蛋糕的$\frac{1}{8}$”。

生：我也想到了分数$\frac{1}{8}$，但是和他们想的不一样。

师：噢，有什么不一样，请你向大家做个介绍吧!

生：我想的是剩下的部分比大头儿子吃的多这个蛋糕的$\frac{1}{8}$。

师：大家说说，他想的有道理吗?（“有!”）有这种想法的算式呢?

生：与刚才的算式一样，$\frac{3}{8}-\frac{2}{8}=\frac{1}{8}$。

师：看来，相同的算式有时表示的却是不同的意思。对这个图形，还有同学有自己的想法吗?

（学生的思路被全部打开，依次又出现了$\frac{3}{8}+\frac{3}{8}=\frac{6}{8}$，$\frac{8}{8}-\frac{3}{8}=\frac{5}{8}$，$\frac{2}{8}+\frac{3}{8}+\frac{3}{8}=\frac{8}{8}$等。教师一一板书，并让学生解释每个算式表示的含义及算理，然后小结

指出这些分数都是“同分母分数”，这些算式都是“同分母分数加减法”，揭示课题）

3. 拓展

师：大头儿子和小头爸爸刚吃了一会儿蛋糕，围裙妈妈就端上一碗蘑菇汤，他们三个人把一碗汤全喝了。他们喝的情况，也有一幅图。你能根据图形，写出一些同分母分数加减法算式吗？看谁写得多！

……

上述教学，紧扣教材编排思路和学生学习基础，充分把准三年级学生学习这一内容的难度要求，通过连贯的生活情境，让学生在相互思考、交流、启发、提升中获得对“同分母分数加减法”的理解。教学环节简洁，思路流畅，较好地体现了对教材的把握和对教学的调控，学生趣味盎然，思维活跃。

总之，教师在备课中有了对教材的研读、教法的感悟，才能准确地制定教学目标。根据教学目标及学生的实际情况，不局限于教材内容，积极地开发和利用课程资源，把教师、学生、各种设备、资料、环境等有利于教学目标达成的各种资源都用来服务教学、服务学生，这样才能让我们的课堂“活”起来，让教学“实”起来，让知识“靓”起来！

二、合理重组，优化教材资源

教材虽是最主要、最重要的课程资源，但教师在充分使用教材的同时，也可针对教材中的某些局限性灵活地进行处理、大胆地改造，从而加大探究力度、提高思维难度、增加教学密度、提高教学效率，使教学资源更加优化，更好地为教学服务、为学生服务。

（一）课时内重组

我们在研究过程中发现，教材中有些内容的编排并不符合学生的认知规律和生理发展特点，有时可能高估了学生的认知能力。因此，我们在教学中应经常尝试着给教材做“手术”，进行重新“洗牌”，以利于教学。

（二）单元内调整

例如，教学“小数乘法”，揭示因数和积的变化规律后，直接跳至“小数乘小数”的教学，然后让学生自己研究“小数乘整数”“整数乘小数”的算法。这样重组教材，有效防止了原来教材先教学“小数乘整数”“整数乘小数”给学生留下的“小数点对齐”的错觉，克服了小数加减法带来的负迁移。

（三）单元间整合

用分数乘、除法解决问题与用百分数解决问题，在意义上及算理上都是一致的，只是形式上不同。我们完全可以将它们合二为一，实现单元之间的内容整合。吃透教材，是对教材深层次的理解和感悟。吃透教材要做到吃透教材编写者的意图、目的；吃透教材的主要线索，把握知识点的纵横联系；吃透教材的重点、难点和训练点；吃透教材内容的深度、广度和密度；吃透教材的德育因素；等等。

三、适度开发，创生教材资源

由于地域的差别、民族文化的差异、学生背景的不同，教材受篇幅的限制，不可能适合每一位学生。因此，在教材使用上，要求教师不仅要用好、用实，而且要用“活”、用“新”。要解放思想、大胆创新，体现思维的层次性、题材内容的时代性、活动过程的探究性、学习方式的多样性、学习空间的开放性。

一位教师在教学“百分数的应用”时，以敏锐的数学眼光，及时抓住北京举办“冬奥会”的有利时机，把北京“冬奥会”这个刚刚发生的、学生熟悉的题材作为数学教学的“活”教材，并且题材的处理也非常得当。这样，将本来很枯燥的用百分数解决问题的题材生活化，使学习材料具有丰富的现实背景，增加了学生获得的信息量，提高了学生探索的积极性，使学生体会到生活中处处有数学，感受到数学的趣味性和作用，充分体验了数学的魅力。

超越教材，是对教材的再创造、再组织，体现了新的教材观。“教材无非是个例子”，叶圣陶先生的话早就点明了教材只是用来教的媒介和手段，而不是教学的全部内容，即教学要“用教材教”，而不要只是“教教材”。如果教师只是一味地接受和照搬教材，没有自己对教材的深入理解和思考，就不能用好教材，只不过是充当了教材的“传声筒”。

四、备教材的四个步骤

（一）整体认识教材的编排体系

整体认识教材的编排体质主要是钻研教材上的书面内容，包括图形、例题、习题、复习题等。教师对这些内容通过读，研究它们的知识结构，明确各部分知识的内在联系，把握每部分知识的地位与作用，弄清教材编排了什么内容，为什么要编排这些内容，是怎样编排的，这些内容和课标有何关联，然后通过分析和理解，咀嚼和消化，变成自己的已知点。

（二）弄清重点、难点和关键点

对于教材中的重点、难点和关键点要从教材内容的联系上把握。所谓重点是对课标而言的；所谓难点是对学生主体而言的；所谓关键点是对学生构建知识体系，落实教学目标而言的。

（三）确定具体可行的教学目标

教学目标，是介于课程标准与教材之间的一种教学指向，它是指教学要达到的标准和程度，是教学活动的出发点和归宿点。它牵动着课堂教学的一切活动，是一节课的灵魂。

（四）组织教材

所谓组织教材，就是把一节课的全部教学内容，按照教学过程的特点和学生认识事物的规律组织起来，也就是对教材进行由易到难、由浅入深、由简到繁、由特殊到一般的组织与安排的过程。一节课需要讲解、训练、教育等方面的内容很多，要特别注意分清哪些是教材的基本内容，哪些是次要内容。

总之，在教学中，我们既要基于教材，钻研教材，根据教学实际情况，充分挖掘教材所蕴含的教育因素，有效、合理地使用教材，又不能拘泥于教材，受教材的过度束缚。要充分发挥自身的主导作用，利用广泛的教学资源，活用教材，创生教材，灵活、创意地使用教材，实现教材的再创造与二次开发。只有认真研读教材、感悟教材、领会教材，才能把握教材、创造性地使用好教材。

第三章　备学生

“对牛弹琴”这个成语故事大家都很熟悉了。它说的是古时候有个叫公明仪的音乐家，琴弹得非常出色。一天，他带着琴外出游玩，看见一头牛正在河边吃草。河边的景色很美，还不时传来牧童的笛声，他非常兴奋，就对着这头牛弹起琴来。琴声非常动听，可那头牛依旧埋头吃草，无动于衷，就像没听见一样。公明仪看到这种情景非常生气，怪牛愚顽笨拙。

大家都知道，其实不是牛“愚顽笨拙”，而是琴师不了解牛，牛需要的是嫩嫩的青草，管你弹什么琴呢？说话做事不看对象，不了解对象还自以为是，当然没有效益了。

教学亦是如此。著名的教育心理学家奥苏贝尔说：“如果我不得不把全部教育心理学还原为一句原理的话，我将会说，影响学习的最重要因素是了解学生已经知道了什么，根据学生原有的知识状况进行教学。”

备课时要备学生，了解学生原有的知识状况和学习能力，了解学生的兴趣和愿望，把教学定位在学生的最近发展区，同时要把教材与学生的生活经验和情感体验结合起来，使教学充满生活气息和生命活力。

一、有效的观察活动从了解学生开始

教师不了解学生，自以为是地、一厢情愿地、按部就班地依赖教案实施教学，不仅会导致教学效率低下，还会出现令人尴尬的情况。

案例3-1：观察物体

我的这节课经过三次试讲，最终定稿。第一次在没有进行任何课前调查的情况下开展教学，结果做了很多徒劳无功的工作，整节课学生都在忙忙碌碌地观察着、活动着，每走一步我都小心翼翼地引着、领着，生怕学生走弯路耽误时间。结果，一节课上了50分钟不说，每个活动似乎都没有彻底地完成，所有人都在赶时间，总体感觉就是一个字——“累”。为什么？我问自己，是我的教学设计不够完美吗？每一步我不都是带着学生扎扎实实地走过来的吗？我又问学生，学生的话使我茅塞顿开：“老师，其实有时候我们不用看都知道水杯是什么样子的，您还让我们看了说，说了看，我都觉得没意思了。”“有时候我都不知道您在让我们看什么？”对呀，学生的观察水平到底有多高？教师连这个都不知道，怎么能够设计出科学、合理的教学方案呢？于是，我进行了细致的课前调查，调查采用活动调研的方式进行。

活动1：将学生分为8组，一组4人，分别站在桌子的4个方向，让学生“说说你的左边是谁？右边是谁？顺时针依次调换座位，再说一说你的左边是谁？你的右边是谁？”（依次调换4次座位，重复刚才的问题）

调查结果显示：判断正确的有30人，占93.8%；左右区分不清，判断出现错误的2人，占6.2%。

活动2：观察水杯，然后给出从不同的方向拍摄的图片。

调查人数：8人。

问题1：（学生从正面观察水杯）你看到的水杯是什么样子的？选出正确的图片。

问题2：（老师从侧面观察水杯）猜一猜，老师看到的水杯是什么样子的？请帮老师选出正确的图片。

调查结果显示：第1题完成较好，有7人能一次选出正确图片，占总人数的87.5%；1人经教师引导，可以选出正确图片。第2题完成质量不高，6人选择错误，占总人数的75%；2人选择正确，仅占25%。

调查过后，结合调查结果，我对学生的认识水平进行了细致的分析。通过分析我发现，学生虽然在以前的课堂中，从来没有系统地学习过观察物体的方法，但具体生动的生活阅历使他们已具有了初步的观察能力，这种能力尽管不高，却可以帮助他们很好地完成一些简单的观察要求，其具体表现如下两点。

（1）学生能够准确地判断两个人之间的位置关系。例如，谁在谁的左边？谁在谁的右边？

（2）正面观察，能够抓住物体的本质特点，将图片与实物正确地对应起来，这可能与学生在生活中观察物体从正面观察较多有关。

尽管如此，调查结果仍然显露出学生在学习时可能会出现的问题，这些问题主要表现在以下三个方面。

（1）语言表述有困难。在描述物体各部分之间关系时，特别是将水杯放在正前方时，学生就表述不清了。

（2）学生从侧面观察能力较低，选择从侧面观察到的水杯图形时，会有较大困难。

（3）由于一组4名同学分别从4个方向所看到的水杯各不相同，判断某一学生在其位置看到的图片存在一定困难。

为了利用学生已有的观察经验，我及时调整了原有的教学设计，学生有能力完成的坚决放手让学生独立观察，学生能力达不到的我再相机指导，将机械的观察交流改为观察、交流、评价的有机结合。

案例3-2：“老师，我已经会了”

在教学“6的乘法口诀”时，我信心十足地走上讲台：“同学们，今天我们继续来学习6的乘法口诀……”不料，我自信的话语还未落地，学生中出现了一个声音：“我会！一六得六、二六十二、三六十八……”“嘘！老师看你呢！”同桌捅了一下这位同学，制止他往下背。随后，又有七八个同样的声音：“我也已经会了！”几个学生摇头晃脑地背起来。我一时不知所措，愣住了。几秒钟后，我稍稍定神，说道，“既然会了，我就请一位同学来背背”。学生们跃跃欲试，被叫起来的学生非常熟练地背诵。“那你们都知道每一句口诀的意思吗？”我柔声问道。一位被叫起来的学生很不流畅地说出了意思，看来不少学生还是似懂非懂的。我以此为切入点，组织学生动手操作：每人数出喜欢的6个学具，通过摆图形来交流验证口诀。学生兴致勃勃地投入学习中，最后学生不仅编出了6的口诀，还尝试运用发现的规律编7、8、9的乘法口诀。学生的童言无忌打乱了我原来建立在学生“零认知”基础上的设计阵脚。之后，我不是喝止学生的“叽叽喳喳”，让学生“懂装不懂”，而是重新审视自己的设计，由“理解口诀由来—熟记—运用”调整为“大胆猜测口诀含义—组织学生操作、交流、验证—寻找1～6口诀编写规律—尝试编7、8、9的乘法口诀”。

面对学生“我已经会了”的声音，教师应及时对自己的预设方案作出相应的调整和变化，恰当地选取教学环节，顺学而导，把学生现场生成的学习资源转化为掌握新知识的背景，从学生的实际出发，而不是一厢情愿地设计教学过程，让学生在观察、思考、分析、讨论的过程中，最终获得新知识。

二、了解、分析学生

（一）深入了解学生实际，为学生找准真实的学习起点

从实际的教学过程看，学生在学习时，由于每个人的知识背景不同、学习原始状况不同等，他们在学习新知识之前，已经有了不同程度的生活经验和知识积累。所以，我们必须重新认识我们的学生，从学生的实际出发进行备课。

在备课时不妨认真思考以下几个问题：

（1）学生是否已经具备了学习新知识所必需的知识和技能？

（2）通过预习，学生是否已经了解了有关内容？有多少人了解？了解了多少？达到了什么程度？

（3）哪些知识是重点、难点，需要教师在课堂上点拨和引导？

（4）哪些内容会引发学生的兴趣和思维，成为课堂的兴奋点？

可在教学前或开始时针对上述问题进行了解，教师根据了解的实际情况再组织教学活动。这样的备课和上课才能想学生所想，急学生所急，使学生在一节课中不断地发现问题、解决问题，始终处于主体的地位。

案例3-3：追寻起点一波三折

“数学学习必须建立在学生的认知发展水平和已有知识经验的基础之上。”本着这一原则，在设计“小数与整数相乘”一课时，我便开始了对学生已有认知储备的探索。殊不知，这探索也是一波三折。

初探：学生已经知道了什么？

“小数与整数相乘”与“整数乘法”相比，只是多了“积中小数点位置的确定”。那么，之前学生已经积累了一定的整数乘法计算的经验，其显然就成了本课新知的生长点。探明了学生的已有知识，我就以此为起点，抓住不同，在“小数与整数相乘时，怎样确定积中小数点的位置”上大做文章。

首先，通过生活事例，让学生探索出0.8×3=2.4，0.25×3=0.75，从而积累感性经验：一位小数乘3，积是一位小数；两位小数乘3，积是两位小数。进而引发猜想：如果是一个三位小数乘3，积会是几位小数？一个四位小数乘3呢？其次，引入学具计算器，验证猜想，获得对“因数小数位数与积的小数位数”关系的发现。最后，概括提升，总结方法。引导学生把前两次的感知和收获结合起来，在小组内交流，整理计算思路，建构计算法则。同时，又

以一个有针对性的专门练习突破难点。

厘清这一思路，我很有把握地走进了教室，可教学时的感觉截然相反。学生能够探索出小数与一位整数相乘时积中小数点的位置，也能熟练应用。可在进行两位小数与整数相乘时却卡了壳，出现了诸多问题：竖式中小数与整数如何对位，学生不知就里，总把小数点对齐；每算出一个部分积，学生往往会毫不犹豫地点上小数点，而且小数点的点法也是五花八门，甚至算出的两个部分的积也来了个末尾对齐……出现这一系列的问题之后，我及时调整，一再强调要“先按整数乘法来计算”，可学生依然我行我素。我有些束手无策了。

再探：学生的思维障碍在哪儿？

想来不成问题的“按整数乘法算”却成了很大的问题，这可是我始料未及的。学生怎么就不明白、不会“先按整数乘法来算”呢？我开始重新审视教学，重新审视学生的已有经验，探索学生思路受阻的节点。

（1）已有经验，淡忘了。

“整数乘法”是学生在三年级学的内容，时隔一年半，学生对于两个部分积如何对位等书写格式的规则已淡忘，再加上许久不接触乘法计算，“整数乘法”计算错误连连也在情理之中。

（2）刚学经验，干扰了。

学生刚学了“小数加减法”，从心理上的“前摄抑制”理论来看（前行学习材料对后继学习的干扰），之前刚学习过的“小数点对齐”对本课新学内容在一定程度上产生了干扰，学生每写一步就会不自觉地把小数点对齐。

（3）沉睡的经验，并未被唤醒。

这是最主要的原因，教学时只是出现了小数与一位整数相乘的例子，学生并未完整感知小数与整数（两位）相乘的竖式实例，对于“先按整数乘法计算”并不理解。那么，他们不知就里，自创书写格式也就不足为奇了。

三探：如何顺应学生的思维脉络，组织教学？

如何让学生建立起“先按整数乘法来计算”的心理需要，顺利沟通小数与整数相乘、整数乘法的联系，把新知识纳入已有知识结构之中，形成一个新的认知结构？我顺着学生的思维障碍，寻找引导的切入点。

（1）需局部突破，也要整体感知。

“教育是既见树木又见森林的过程”，如果只是着眼于局部重、难点的突破，而忽视了学生对所学内容的全面把握，那么学生的学习就可能是支离破碎的、片面的。于是，我改进了设计，在探索出“积的小数位数与因数中的小数位数相同”这一规律之后，出示：“每千克西瓜2.35元，如果要买16千克西瓜，要付多少钱？”让学生对“2.35×16”进行尝试计算，交流纠正，达成共识。这样学生完整地感知了两位小数与两位整数相乘的竖式书写格式，同时感受到小数与整数相乘确实是按整数乘法那样算的，它同整数乘法的计算是紧密联系的。

（2）需探究算理，也要告诉格式。

虽然我在课堂上结合0.8×3、2.35×3不断追问整数乘积“24、705”的来历，同时在动笔进行竖式计算之前对2.35×16有了一番研究——可以先算235×16。但由于这是第一次对两位小数乘两位整数的独立探索，学生的计算依然五花八门，格式不规范也在情理之中。我还要思考的是：因为这里的书写格式只是一种人为的规定，那么花费一些时间做这样的尝试，值不值？与其花时间在这里让学生出错了再一一纠正，倒不如在学生明了算理之后直接给他们正确的第一印象。权衡之后，三入课堂，我选择了较为传统的教学方式——学生叙说，教师板演。因为板演时方方面面的注意点都考虑到了，学生掌握起来非常顺利。

我们在组织教学时，更习惯于从学生学习的逻辑起点出发，按教材的编排意图有条理地进行教学，却常常忽视了学生的现实起点。探明学生学习的现实起点，就需要以整体思维通览教学，关注相关内容的彼此关联和前引后渗。落实在备课中，就需要不断追问。一问，学生学习作螺旋式上升的根基是什么？在哪儿实现迁移、促进生长？学生是否已经遗忘？如果遗忘，又该如何唤醒它？课前的复习是其中一种方法，课中的引导更为重要，它使得学生在新知识与已有经验间主动架设起跨越的桥梁，顺利地建构起新的认知。二问，学生刚学的知识经验有哪些？在这些刚学的经验中，哪些是为本课的学习服务的，哪些会对新知识的学习产生干扰？这些干扰在教学时又如何通过巧妙引导予以回避，或辨析，或顺应，或同化的？学生的现实起点，恰恰是新知识着陆的根基。

（二）多种途径了解学生

1. 从心理中了解

相同年龄的孩子，具有相似的年龄特征、心理特征、思维特征，即“大同小异”。

2. 从预习反馈中了解

课堂教学开始，教师一般都要检查一下预习情况，让学生提出问题，以了解学生的兴趣点、兴奋点，并把学生的兴趣点、兴奋点转化为教学的重点或生长点；同时把教学的重点、难点，转化为学生的兴趣点、兴奋点。

一位学生在预习完“质数和合数”后，在自己的预习笔记中写道：“我明白了质数和合数是按照因数的个数来分的。质数除了1和它本身没有别的因数，也就是说只有2个因数；而合数是除了1和它本身还有别的因数，也就是说最少应该有3个因数。可是判断一个数是质数还是合数好像比较麻烦，有没有比较简单的方法呢？明天我们小组讨一下论再说。”学生预习后对什么是质数、什么是合数已经有了感性的认识，但是对如何快速判断一个数是合数还是质数有较大的困难。因此，教学的起点不在于研究什么是质数，什么是合数，而在于探索如何制作质数表，把教学的重点放在概念的拓展应用上。

让学生开展课前的自主预习，学生丰富多彩、各具特色的预习笔记，成了教师组织下一步学习活动的“教参”和最有活力的课程资源。教师备课方式也就由主要依据教学参考书、备课用书转变为主要依据学生的学习信息。找准了学生的学习起点，自然而然就实现了从“学”服从于“教”到“以学定教”的转变。

三、为“学困生”提供特殊服务

备课时要考虑大部分学生的学习状况，也要考虑少部分学生的学习困难，切实为学习困难的学生提供实实在在的服务：同样一个例题，学困生应该掌握哪些最基本的内容、掌握到什么程度，教师要提供什么帮助；同样一篇数学日记，学困生应该写些什么内容、写到什么程度，教师要提供什么帮助；同样一个练习，学困生要分几个步骤（分成几个小题进行铺垫），教师要给予怎样的辅导；课堂提问，哪些问题是针对学困生而提的；课堂教学，哪些时间是为学困生安排的；等等。以上问题备课时都要思考、设计。学困生不断地得到个性化辅导，不断进步，不断增强信心，久而久之，就迈进了优秀行列。

四、分析学生的知识与技能起点水平

学生的起点水平分析包括预备技能、目标技能和学生的学习态度。预备技能是指学生在开始新的学习之前，已经掌握的知识与技能。目标技能是指教学目标中规定的、学生必须掌握的知识和技能。教师在备课中，要通过分析学生以前学习过的内容，查阅考试等级，或与学生、班主任及其他任课教师谈话等方式，获得学生掌握预备技能和目标技能的情况。

对学生学习起点的正确估计是设计适合每位学生自主学习的教学过程的基本点，它直接影响着新知识的学习程度。备课中，教师应十分注重学生原有的认知基础，促进新旧知识间的同化与顺应。

案例3-4：3的倍数的特征

以126为例，用课件呈现讲解，126根小棒可分为100根的小棒一捆、10根的小棒2捆，还余6根。100根小棒平均分成3份余1根，10根小棒平均分成3份余1根，每捆余1根，有这样的2捆就余2根，百位上余下的1根和十位余下的2根，再与个位剩下的6根合起来就是1+2+6=9根，9是3的倍数，所以126就是3的倍数。接着用多媒体动态分一分621根小棒，也验证了3的倍数各个数位上数字的和都是3的倍数。

接着追问：比较大的3的倍数是不是也具有这样的规律呢？比如12345，让学生用最快的方式计算出各个数位上数字的和，再用计算器计算，进一步验证“3的倍数各个数位上数字的和是3的倍数”，加深学生的理解。教师最后引导学生观察、概括3的倍数的特征，实现认知结构的扩展。

这样顺着学生的思路来设计例题，既注重了概念的同化，又发挥了学生的主体作用，学生学习概念的激情也会提高。

下面一则案例中，教师在备课时没有考虑到学生已有的数学知识和经验，使得课堂教学留下了遗憾。

案例3-5：“圆的周长”的教学片段

离下课还有几分钟，教师让学生看书，提出自己的疑惑。

生1：老师，古代数学家为什么要将周长与直径的比值作为圆周率，而不是把周长与半径的比值作为圆周率？

教师先是一愣，然后尴尬地说：圆周率确定为周长与直径之比是约定俗成的。

生2：老师，古时候没有计算机，祖冲之是怎样把圆周率算得如此精确的？

师：这个太复杂，以后告诉你。

在这个案例中，教师备课时，没有考虑到学生已有的经验，低估了学生的能力，当学生提出“古代数学家为什么要将周长与直径的比值作为圆周率，而不是把周长与半径的比值作为圆周率？”这样的问题时，教师茫然失措，只能敷衍了事。其实，学生提的这个问题，正好与圆周率产生的历史有关，如果教师备课时考虑到这些，做好充分的准备，完全可以用通俗的方法讲清楚，而不会用“这个太复杂，以后告诉你”来搪塞学生。读懂学生要落实“不同的人在学科上得到不同的发展”的核心理念，需要正视学生的差异，尊重学生的个性，真正“读懂学生”。教师在课堂上讲什么当然是重要的，然而，学生想的是什么却更是千百倍的重要。教师要读懂学生的特点、基础、需要、思路、错误、情感。

第四章　备教法

新课程要求教学使每个学生都能够得到充分的发展，但是学生之间存在着差异。要使每个学生都能够得到充分的发展，除了教学目标定得适当、教学组织形式选择合适，还要考虑选择适当的教学方法。因为学生间的差异是多方面的，不仅有生活经验和数学基础的差异，还有智力、认知方式以及性格等方面的差异。所以，教学方法不能千篇一律，既要面向全体、根据大多数学生水平选择教学方法，也要注意针对差异因材施教，针对不同学生的特点选择适当的教学方法。例如，对学困生要多运用操作帮助他们理解新知识，练习时也要多加检查与辅导；对独立思考能力差的依赖型的学生，则要注意适当引导学生学习独立思考，避免直接告诉学生怎样想、怎样做，以便逐步提高他们的学习能力；对数学基础较好和思维能力较强的学生则要更多地放手，不断提高他们独立思考和学习的能力。自主学习是学生学习的主要方式之一，是学生身心发展的一种客观需要。在课堂教学中，学生是学习的主人，教师应该通过启发、设疑、尝试、操作、解惑等方式来激发学生的主动参与意识，引导学生参与学习的全过程。

教学方法的选择对于提高教学质量具有十分重要的意义。选择恰当的教学方法，有助于顺利地完成教学任务，达成教学目标。教学质量高、效果好，往往与教师采用恰当的教学方法有关；反之，学生在知识技能方面有欠缺、掌握不牢固，也往往与教师所采用的教学方法不当有关。

一、教学方法的内涵及类型

（一）教学方法的内涵

教学方法是教师在教学过程中为了完成教学任务或目标而采用的方法，它包括教师教的方法和学生学的方法。教法与学法并举，教法与学法密不可分。以下着重探讨教的方法。

实践证明：教师在备课中，对教学方法考虑得越细致、越充分，教学的效果就会越好，所花的教学时间也会越少。

（二）教学方法的类型

按期望获得的学习结果的类型，可以将教学方法分为三大类（表4–1）。

表4–1　教学方法类型

获得学习结果的类型	教学方法
认知类	讲授法、演示法、谈话法、讨论法、练习法、实验法
动作技能类	示范—模仿法、练习—反馈法
情感、态度、价值观类	直接强化法和间接强化法

二、教学方法的选择与运用

选择与运用恰当的教学方法是促进有效教学的关键。如何选择教学方法呢?

（一）选择教学方法要考虑的因素

苏联教育家克鲁普斯卡娅说过：方法的选择是由它的对象所决定的，如缝麻布要用针，缝皮子要用锥，打石头要用铁锤，等等。没有一种教学方法适用于所有教学。教学方法的选择要根据教学目标、学生特征、学科特点、教师特点、教学环境、教学时间、教学技术条件等具体情况而有所改变。这就是说，教学方法的选择最终是由施教对象决定的，不看对象的方法注定是失败的。

（二）选择教学方法的主要标准

选择教学方法的标准主要有两点：首先，要有助于顺利实现教学目标；其次，要有助于提高教学效率，即教学过程要高效低耗。可以说，教学目标及教学效率对选择教学方法具有决定性意义，因为教学因素之间不管采取哪种结合方式都必须保证实现教学目标，并提高教学效率。教学因素之间的结合（对某一具体教学内容和具体的师生特点来讲）若能保证教学效率最高和目标实现最优，这种结合即为最优结合，也是最好的教学方法。这就是我们选择、评价、创造教学方法的标准。

（三）几种常用的教学方法

1. 讲授法

讲授法是教师通过口头语言，系统连贯地向学生描绘情境、叙述事实、解释概念、论证原理和阐明规律的教学方法。

2. 讨论法

讨论法是学生在教师的指导下为解决某个问题而进行探讨、辨明是非真伪，以获取知识的方法。

3. 演示法

演示法是教师通过展示实物和直观教具，进行示范性实验或采取现代化的视听手段等指导学生获得知识或巩固知识的方法。

4. 实验法

实验法是学生在教师的指导下，利用一定的仪器设备，通过条件控制引起实验对象的某些变化，通过观察这些变化获得知识的方法。

5. 案例教学法

案例教学法是教师根据教学目标和内容的需要，组织和指导学生围绕案例学习、研究、锻炼能力的方法。

6. 发现教学法

发现教学法也称发现学习法，是学生运用教师提供的按发现过程编制的材料进行“再发现”，以掌握知识并发展创造性思维与发现能力的一种教学方法。发现教学法具有通过发现过程进行学习和在学习过程中学习发现方法的双重含义，是一种具有较高自主性的方法。应用该方法进行教学，由学生亲自发现事物的规律，能使学生产生兴奋感和自信心，从而有利于提高学生的内部学习动机，发掘学生的智慧潜力，使学生掌握发现的方法，培养提出问题、解决问题的能力。教师应为学生提供一定的学习条件，由学生自己主动、积极地发现解决问题的途径和方法。

例如，在教学“圆的面积”时，先让学生知道面积的意义，然后，教师可做如下提示：

（1）将圆平均分成若干等份（16等份或以上）后圆的面积会发生变化吗？

（2）将分成的等份拼拼看，能拼成什么图形？

（3）这个拼成的图形与圆有什么关系？

学生通过观察与思考，发现圆的面积与拼成的图形的面积相等，而圆的半径与拼成的图形的宽相等，圆周长的一半与拼成的图形的长相等，从而得出圆面积的计算公式。自己发现公式推导的方法——这种注重过程的自主学习方式，更有利于学生创新能力的发展、逻辑思维能力的发挥及知识的掌握。

7. 情境教学法

情境教学法是指在应用知识的具体情境中进行教学的一种教学策略。在情境教学中，教学的环境是与现实情境相类似的问题情境；教学的目标是解决现实生活中遇到的问题；教学的材料是真实性的任务；教学的过程与实际解决问题的过程相似，教师不是直接将事先准备好的概念和原理告诉学生，而是提出现实问题，引导学生进行探索。

8. 迁移法

迁移法即抓住新旧知识间的连接点，充分利用迁移规律，掌握引起迁移的诸多因素，努力促进有效迁移，在教学中引导学生自主学习。

例如，学习了“长方形和正方形面积的计算”后，可以将平行四边形转化成长方形，推导出平行四边形面积的计算方法；再把三角形和梯形转化为平行四边形，进而推导出三角形和梯形面积的计算方法。

这样，学生既学会了平行四边形、三角形和梯形面积的计算方法，又学会了运用知识转化迁移学习的方法。

9. 自学法

教师可引导学生以自学为主进行学习。学生通过自学，找出学习中的难点或不懂的地方，然后由教师帮助解难。

10. 操作法

操作能培养思维，手脑结合有利于促进思维的发展。在数学教学中，应充分利用操作来发展学生的思维。

11. 练习法

通过不断地进行练习，在练习中及时发现学生的知识点掌握情况，从而对症下药，解决学生在学习中的症结，提高教与学的效率。

以上所谈的教学方法均是一般规律性的方法，俗话说：“教学有法，但无定法，贵在得法。”优秀的教师总是不断地研究、摸索、总结、借鉴好的教学方法，最终形成适合自己的教学方法。

第五章　备教案

备课的形式因人而异，丰富多彩。着眼于不同的视角，备课的类型又有不同的称谓。但是，不管是何种备课类型，都有基本的规范要求。

从不同的角度划分，备课可以有多种类型。从人员角度分，有个人备课和集体备课；从工具角度分，有电子备课和纸笔备课；从次数角度分，有一次备课和多次备课；从时间角度分，有课前备课和课后备课；从范围角度分，有全册备课、单元备课和课时备课；从内容角度分，有新授课备课、练习课备课、复习课备课、检测课备课、活动课备课。

这些类型的划分并不是截然对立的。比如，个人备课中既涉及运用各种不同的工具、不同内容的备课，也涉及备课次数等。所以常规教学下的备课可以分成个人备课和集体备课两种形式，同时，把其他备课形式需要注意的要点融合进去进行阐述（图5–1）。以下对专题教育课程要求以及开放背景下的备课形式作简要分析。

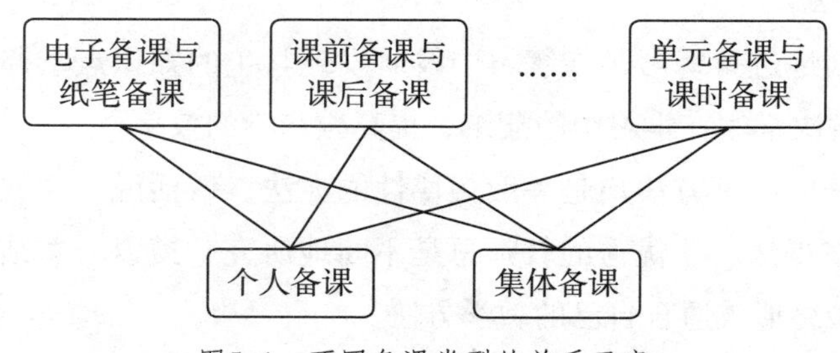

图5–1　不同备课类型的关系示意

一、个人备课

每一位教师都拥有各自的知识结构、教育经验、个性气质、人生阅历和教学风格。每位教师面对的学生和学生群体，其状况也是千差万别的。同样，对于相同的教学内容，不同的教师在理解上也有一定的差异。因此，教师需要了解自己的特质，针对自己的学生和教学内容，进行个性化的备课。

当前有些教师备课存在几个行为误区：将备课变成教案的“克隆”，找来现成的教案一抄了事；备课走“形式主义”“换汤不换药”“穿新鞋走老路”；或者将备课变成了“网上资料的拼盘”，简单地从网上下载一些相关内容组合成教案；等等。真正有价值的备课应该从新课程的理念出发，在完整理解“以学生发展为本”的备课要求的基础上，思考与实践自己的备课工作。

个人备课是一个创造性的劳动过程，具有针对性。个人备课要结合不同的教学内容与要求，针对自己的学生群体，遵循备课的原则和要求进行。一般认为，个人备课要达到“四结合”。

（一）全册备课、单元备课与课时备课相结合

备课应将全册备课、单元备课与课时备课结合起来，对每个单元的知识点进行合理的布局、分配，不能用同一模式处理不同的课时。备课应通览全部教材，注意其章节内部的系统性、因果性与关联性，同时注意与相关学科的联系，进行单元备课，进而进行课时备课，以使前后呼应、首尾相连。否则，“备一节，讲一节”“讲哪节，备哪节”“明天课，今天备”地孤立备课，教学效果势必不佳。

（二）课前备课与课后备课相结合

课前备课，能够帮助教师在教学前明确目标、梳理思路、熟悉内容、把握要求。课后备课，有助于教师根据自身情况、班级特点和实施效果，对课前的备课内容进行反思、修改和完善。

（三）纸笔备课与电子备课相结合

纸笔备课是传统的备课方式，有利于教师在课堂上直接使用，帮助记忆思路，并且能随时记录下学生的反应，圈点出不符合实际教学要求的设计，便于课后修改。电子备课有利于资料的保存和共享。

（四）个人备课与集体备课相结合

集体备课前的个人备课能够为集体备课奠定良好的基础；集体备课后的个人备课有助于教师个人决定对共同研究成果的取舍和运用，并结合自己的经验智慧，将其“化”为自己的东西，这样才能显示出自己的特色，用起来得心应手，讲起来生动活泼。

二、正确认识备课与教案

（一）备课形式

备课不等于写教案，写教案只是备课的一小部分工作。如果把教案分为“有形教案”和“无形教案”，则“备课”基本等同于“备教案”。

“有形教案”，即文本教案，是教师将备课的部分内容，付诸文字，写在教案本上。有形教案应该“简而实”。“简”即简单、简约。因为不是所有的思想都可以、都有必要写出来，有些内容完全可以记在脑子里。节省下来的时间做什么？备“无形教案”。“实”即实在、实用。教案是教学的方案，是指导教学用的，如果你在课堂上都不用教案，或者你的教案都不能在课堂上用（当然不是一成不变、按部就班），那你还写教案做什么？简单、简约才实在，实在才实用。

随着课程改革的实施和深入，又有人提出了写“教学反思”，或“案例反思”“教后反思”。教学反思，写出来是“有形教案”，放在脑子里是“无形教案”。

“无形教案”，即思想教案，或者说是文化教案、人格教案，是教师的文化底蕴、专业素养、道德水准、工作作风、基本功等的综合体现。如果落实到某一课的备课上，就是教师为上好这一课所做的一切努力和准备，特别是阅读和思考。“无形教案”要“丰而深”，即丰富、丰厚、广博、深刻，包括读书。

正如一位历史教师所说：“对这节课，我准备了一辈子。而且，总的来说，对每一节课，我都是用终身的时间来备课的。”

就数学而言，以下三个问题值得我们认真思考。

1. 设计教学方案，还是编写教学剧本？

这个问题如此表述，恐怕谁都会肯定前者，否定后者。因为教案的本意就是教学的方案，怎么会是教学的剧本呢？可是，不知从什么时候起，喜欢写教案的教师，把每一个提问的回答，都写进了教案，发展到今天，就演变成了对话式的教案：

师：12÷3=4表示什么？

生：表示把12平均分成3份，每份是4。

这样的对话，在各种教案集、杂志上，已经司空见惯。让人分不清这到底是教案、教学设计，还是教学实录，以致一些教师还以为当今流行对话式的教案。也许，作者的初衷是希望夹进一些对话，使教案生动些，便于看出教学效果，并没想到会给读者带来误导，更没意识到事先设计好的正确回答，无形中在执教者心里确定了该问题的标准答案。这种答案客观上影响着执教者的教学判断。上课时，教师往往自觉或不自觉地期望学生按教案的设想回答。若不，就努力引导，直至从学生口中说出标准回答。在听课中我们经常发现，有的教师一连叫起数个学生回答同一问题，或者不厌其烦地启发、暗示、再暗示，为的是让学生说出自己想要的那句话。

我们认为，备课时教师有必要充分考虑的，不是学生必须怎样回答，而是学生可能会怎样回答，进而设想教师应该怎样相应地给予肯定、补充，或纠正、启发，至于把这些设想写进或不写进教案则是次要的。问题的实质在于，课堂上教与学的过程，是师生思想交流的过程，是充满生命活力的过程；教案写得再详细，也只是实际教学过程的一种设想和计划，是教师课堂上临场发挥、随机应变的基础和准备。教案不是剧本，不需要设计好师生的对话；教学不是演戏，学生不是群众演员；上课不需要背台词、配对白，完成教案并不一定就是理想的课堂教学。

2. 理顺教学思路，还是确定教学细节？

解数学题，强调解题思路清晰，讲究纲举目张，以解题思路调动解题技能、技巧。类似地，数学教学也必须重视教学思路。这一方面是由数学学科的特点决定的，另一方面也是培养学生思维能力的需要。因为教师的教学思路，对于学生的学习思维有直接的影响，对于学生思维的发展有隐性的、影响深远的、潜移默化的熏陶作用。因此，通过撰写教案来厘清教学思路显得十分重要。

有一次，我听一位青年教师上“估算”一课，感觉效果不佳。课后我们共同分析整节课的教学设计，理出了教学思路。

教学估算的意义：

创设问题情景→感知有时只需计算大约是多少→引入课题。

教学估算的方法：

教学例题→总结估算步骤→练习估算的第一步（取已知数的近似值）→练习完整的估算。

教学估算的应用：略。

该教师循着这一思路对原教案稍做调整，在平行班又上了一次，效果明显改观。他自我感觉教学进程心中有数了，实时调控的目的性增强了，连过渡语言也更加自如了。

可见，所谓厘清教学思路，也就是从整体上把握教学设计的框架。这不仅有助于提高教学的条理性和逻辑感染力，也有利于教师的随机应变。因为按“框架”施教比按“细节”施教，具有更大的调整空间和回旋余地。

当然，肯定厘清教学思路的重要性，并不是否定考虑教学细节的必要性。两者之间的关系，就如人体的骨骼、筋脉与血肉，是相辅相成、相得益彰的。

3. 因人而异，还是千人一面?

这个问题主要是针对教案的管理要求提出的。

以前，经常看到这样的情景：学校检查教案，在教案本侧边盖上公章使每一页的页边上都沾上一点红色的印泥，以此杜绝重复使用旧的教案。现在物质条件好了，但教学管理观念却没有大的改观。代替盖章的措施是，发给教师统一的备课本，每学期一册。更有甚者，对教案的篇幅，提出平均每课时至少多少页的要求；对教案的格式，如同小学生作业的书写一样，作出统一规定，称为“备课常规”。

诸如此类的管理方式，司空见惯。教师的教案如此缺乏个性，能培养出富有个性的学生吗？人类已进入21世纪，各行各业都在使用计算机，难道我们教师的备课，还要固守着“老宅子”，用笔、用人工继续抄下去吗？尤其是用同一版教材教了多年的教师，年年重复写一本书的教案，难免因厌烦而敷衍。与其耗费大量的时间和精力，重写、重抄教案，做无用功，不如让教师对原有的教案加以调整、补充或修改、完善。这样不仅可以提高备课的效率，而且有助于积累、丰富和充实教学经验。

至于教案的详略，大可因人、因时而异。一般来说，新教师缺乏经验，教案应写得详细、具体些；公开课的教案，为便于交流，宜写得详细、具体些。同样，教案的格式，也不必强求一致。它取决于教师的习惯及教学内容和学习活动的特点。让教案体现明显的个性化倾向，比起千人一面的规范，利多弊少。

（二）教案内容

一般来说，以下五项内容是教案的必写内容。

1. 教学（学习）目标

教学目标是上课的出发点和归宿，目标明确、恰当是一节好课的首要标准。巴班斯基认为："任何活动，关键都在善于设计它的目的和任务。马克思早就指出，自觉的目的是作为规律决定着人的活动方式和方法的。"教学目标必须做到明确、恰当。"明确"，是指师生对一节课应达到的目的、方向要有共同的认识；"恰当"，主要指"五符合"，即符合核心素养精神、符合年级的特点、符合教材的要求、符合学生的实际、符合40分钟容量。比如数学，一课时的教学目标一般在《教师教学用书》中都有提示，如果没有补充、改进，就没有必要照抄。要写在教案中的是根据自己研究教材和课时实际，分解细化了的每一个课时的教学目标（包括重点、难点）。课时目标明确、恰当，课堂教学才有方向、才有效益。

2. 基本的教学程序

遵循学生的身心发展和学习规律以及教材特点，安排一节课的先后次序，关于先做什么、再做什么、最后做什么，需要在教案中提示。这个提示也不是"公式化"的、一成不变的，该省的省、该略的略、该详的详。一般地以教学重点的实施、教学难点的突破、教学创新点的设计等为详。

3. 问题设计

以提出问题，包括引导学生质疑来调动学生、深化理解、促进思维、推进教学是课堂教学的基本策略。教师要设计出好的问题，才能提高课堂教学效果。什么是好的问题，即思维含量高、挑战性强，能够点燃学生创新的火花、促成思维的觉悟、激发探究的欲望，使之或凝然沉思，或豁然开朗，或释然顿悟，或怦然心动，或翩然遐想，不仅可以学到知识、掌握技能、训练思维，更能陶冶情操、沐浴欢喜、获得生命力量。备课，要精心设计问题，少而精，要把问题写在教案中。

4. 练习设计

（1）教师要"下水"，如在备课时，把课后思考练习提前做一做、算一算、品一品。教师一味地推学生"下水"，自己却从不"湿鞋"，肯定不行。

（2）教师要设计，即根据教材特点、教学需要和学生实际，设计课堂练习，以及时反馈、巩固和深化；设计课外练习，以拓展、延伸和升华。

5. 教学反思

随着课程改革的实施和深入，有人提出了要写教学反思。叶澜教授曾指出："一个教师写一辈子教案不可能成为名师，如果一个教师写三年教学反思就有可能成为名师。"于永正老师说得更具体。他说："写教学反思实际上是对自己的备课及实施的总结。认真写三年教案的人，不一定成为优秀教师；但认真写三年教学反思的人，必定成为有思想的教师，说不定还能写出一个专家……在记的过程中，自己的认识往往会得到升华，负面的东西也会不自觉地变成正确的。如果能上网并在网上注册自己的专业博客的老师，可以把反思写在博客上，就会有同伴来阅读，或支持，或肯定，或鼓励，或帮助。失误，因反思而美丽；喜悦，因分享而永恒，多么美妙啊！"

那么，怎样反思、反思些什么呢?

个人认为，教学反思应该是一种具有目的性、针对性的行为，是一种需要理论支撑的分析、比较、判断的思维过程，以及思考之后的改进、提升、完善、记录的行动过程。有的放矢、思而见行、行必有果，是教学反思的显著特征。

（1）思考。

有学者说，教育是为了养成独立思考的习惯。那么，作为教育者的教师，首先应该是一个"独立思考者"。有一种痛苦其实是快乐，是直抵内心的快乐，那便是思考。

课前思考：教什么？怎样教？为什么教？教到什么程度？同时，以学习者的身份思考：学什么？怎样学？为什么学？学到什么程度?

课中思考：课堂教学中，看着孩子的眼神、表情、状态，思考，"我的教学适应孩子吗？""要不要做一些调整？"等等。

课后思考：教学设计适合学生吗？教学有效吗？课堂生成抓住了、用好了吗？学生喜欢我的课吗？我满意学生的学习吗？……总之，得失明了、成败自知。"得"者成为经验、"失"者成为教训。"失"则及时调整、改进，此时的"失"就转化成"得"了，真是"得失塞翁马，襟怀孺子牛"。

这是脑力游戏、这是思维游戏，多么有意思、多么有意义，这是"直抵内心的快乐"。

（2）笔记。

思考而有所得，就做一些笔记，及时记录下来，"好记性不如烂笔头"，同时能体验到"认识升华""负而转正"的美妙。

笔记有几种：一是随时的零散笔记，如教师们在教案右侧留出一小块空白，随教学流程进行旁批、旁注，一下课花上几分钟就可以记录完成；二是阶段的完整笔记，一天、一周、一旬……结合平时的笔记加以提炼，形成有观点、有材料的文章。如果可以随时上网并且有自己的专业博客，那么，随时记录也好、完整笔记也好，都形成一篇篇网络日志，不仅自己享用，还与同伴分享。这些思考和笔记，就像散落在沙滩上的珍珠，稍用心一穿就成为华丽的项链——最宝贵的物质财富和精神财富。

（3）提炼观点，形成文章。

前面说，这些笔记只是“散落在沙滩上的珍珠”，要成为华丽的项链，还需要教师再思考、再琢磨，提炼观点，组织材料，形成文章。比如，我备“认识长方形和正方形”一课时，教学方案设计好之后，到第一所学校上课，上完课和听课教师一起评议、改进，并且在我的钉钉群“设置评论区”及时记录、反思所得，对教学方案进行调整；接着到第二所学校上课，再评议、记录、调整；再到第三所学校上课……几个轮回后，课堂渐次完善、思考渐次深刻。然后，我细读这些零散的评论，“开口即是练语言，提笔即是练汉字，下笔即是练思想”的观点慢慢清晰。

“学而不思则罔，思而不学则殆。”（《论语·为政》）“学然后知不足，教然后知困。知不足，然后能自反也；知困，然后能自强也。故曰：教学相长也。”（《礼记·学记》）教学反思，应该是教师最好的“学”。

教而不研则浅，研而不教则空，只有边教边研、边研边教，不断调整、不断改进、不断完善，教学才能优质高效，教师才能成为研究者，成为名师，成为教育家。

三、集体备课

通过集体备课让每一个参与者收获更多的思想和方法，助推自己的专业成长，最终促进学生发展，这是集体备课的核心价值所在。

集体备课是教师进行校本教研、合作研讨的一种有效形式。它要求同学科或相关学科的教师为实现相同的教学目标和完成共同的教学任务，通过集体讨论、共同研究、合作攻关、智慧碰撞等形式制定出教学预案。集体备课要求教师共同对教学的目标、资源、技术、方案等进行设计、补充、创造，实现优势互补和资源共享，激发群体的合作意识和探究能力，更准确地把握课堂、吃透教材，实现整体教学水平的提高。

（一）集体备课在要求上要做到“四统一”和“一灵活”

（1）统一教学目标。

（2）统一教学重点、难点。

（3）统一教学进度。

（4）统一教学训练与检测。

（5）灵活运用教学方法。

（二）集体备课在组织安排上要做到“六定”

集体备课需要备课组教师尽可能参加。在日常繁忙的工作中，大家凑到一起不容易，要保证每次集体备课的质量和效率。因此，集体备课在组织安排上要注意做到“六定”。

（1）定时间。

（2）定地点。

（3）定负责人。

（4）定内容、主题。

（5）定中心发言人。

（6）定要求。

每学期由备课组长根据上述要求，制订集体备课计划，尽量保证每周一次的集体备课。集体备课时，由备课组长组织，备课组长或备课组内的骨干教师轮流主讲，其余教师发表意见、互动交流。学科组长每学期检查一到两次，收集集体备课质量信息，并随时记录下来。集体备课要求做到“人人思考、相互交流、合作探究、共同成长”。

（三）集体备课要做到“两个注意”

1. 不一定要完全局限于固定的时间、地点、人员和形式

集体备课是一种常规的教研方式，虽然它要求“定时间、定内容、定人员、定地点”等，但也不要完全限制在固定的时空。

集体备课实际是利用集体的智慧来探讨问题、交流看法、促进备课和教学水平的提高和教学质量的提升。这种探讨可以充分利用每周固定的集体共有时间进行，也可以随时进行。

因此，除了办公室、教室等，教师还可利用一切可供沟通的场所完成每一次交流；在探讨时，不一定非要小组的所有成员到齐才进行，两三个人照样可以研究；集体备课可以在年级、教研组、备课组进行，还可以跨越学科界限。在条件允许的情况下，适当组织跨年级的教师集体备课，这样更有利于知识的前后联系和学段教学的衔接。

集体备课要“形散神聚”，不但需要固定时间、地点在形式上的“集中”，更需要随时随地的实质性交流。

2. 集体备课要注意问题引领，注重可操作性和实在性

集体备课不是走形式、作秀，其指向预测并解决教学实践中可能出现的问题，从而提高教学的针对性和有效性。

备课是上课的准备、教学的前奏。集体备课如果仅仅着眼于形成文本是不够的，还必须关注问题的讨论。集体备课的功能如果只是定位在设计教案，就容易使教师只关注教案的各个构成要素而忽视自己的独特性，最终导致集体备课求同略异，丧失针对性，缺少特殊性，从而流于形式。那么，每次备课要解决哪些问题，这些问题从哪里来？可以从自己的教情、学生的学情中来，也可从教过这部分内容的教师那里得到。带着问题去备课，才能让我们的教学方案更有价值！如果集体备课能帮助教师解决实际教学中的问题，就会激发教师的热情，吸引他们积极参与到集体备课中来。

（四）集体备课要防止“四个误区”

集体备课是促进教师成长、提高课堂效率的重要教研途径，而教师在集体备课时容易陷入一些误区，导致备课效率不高。这些误区往往表现为以下四个方面。

1. 重时髦形式，轻实在内容

集体备课是有内容指向、目标引领的，所有活动对话都必须围绕具体教学内容和备课目标进行。集体备课不能只有集中、合作的“外表”，而没有互动碰撞的“灵魂”。如果年级组的几位教师围坐在一张桌子周围，表面上煞有介事、议论纷纷，实际上却是无关宏旨、泛泛而谈，集体备课就成了纯粹地走过场。

2. 重集体交流，轻个体实践

不少教师误以为有了固定或轮值的主备人，有了集体备课，就可以“蜻蜓点水”，甚至可以不用再钻研教材教法等自行备课了。如果教师长时间坐享其成，那么其个体的发展就会停滞。没有了个体的发展和前期的个人备课，也就不存在集体备课中的精彩生成了。

3. 重一家之言，轻广纳良言

调研发现，一些集体备课往往由组长、骨干或轮值教师首先作中心发言，之后其他教师随声附和、人云亦云，使集体备课成为没有争辩、质疑和评价之声的"一家之言"。这种争论、对话的缺失，实质上隐藏着教师个体钻研合作精神的缺失，集体备课"互动合作"的本质也就荡然无存。

4. 重共性教案，轻个性教案

在实践中，有些教师采用"拿来主义"，全部照搬集体备课的内容。这是不可行的，因为集体备课不可能照顾到每个教师的自身特点和每个班级学情。所以，教师需要做适当的调整和丰富，以求形成适合每个教师教和学生学的个性教案。

有些学校实行统一进度、统一教案、统一教法的"三统一"政策，并认为这是一种"优质资源整合，优质资源共享"。这种"大一统"，势必会造成教学活动单一、呆板的局面。过分依赖集体备课的教案，轻则出现"消化不良"的现象，重则使一些教师丧失最基本的备课能力。

四、集体备课怎样操作？备完又怎么用呢？

（一）建设"新的教研文化"

刘坚教授认为"新的教研文化"是新课程的价值追求之一。他在《反思与行动》一文中描绘了"新的教研文化"，即"老教师与年轻教师之间，语文、数学教师与美术、音乐教师之间，一线教师与教研员之间，不管学历与职称的高低，大家在学术上是平等的，应充分尊重每个人的成果，充分调动每个人的主动性、积极性和创造性"。可以说，建设"新的教研文化"，营造协作互助的氛围，架构智慧碰撞的平台，达成资源共享的目标，强化优势互补的功效，促使同事之间互帮互助、共同成长，是集体备课的支撑，也是集体备课的归宿。一方面，集体备课只可能生长、生存、壮大在这样的教研文化中；另一方面，集体备课又催生、促进这样的教研文化的形成和发展。

1. 新的制度

说到底，真正束缚集体备课实效的是教师的评价机制。如果学校还仅以考试成绩论英雄、定赏罚，那么，谁愿意在集体备课中开诚布公、坦诚相待，公开自己管理学生、提高教学质量的"独门秘籍"呢？课程改革以来，各校都在积极探索改进评价机制，制定更有利于个人努力又合作共赢的教师专业成长的制度。例如，某小学的做法值得借鉴——对教师全过程量化条例进行了较大幅度的修改：变教学成绩占全过程量化总分的50%为35%，大幅上调备课、上课（随机听课）、作业批改等过程性管理项目，以及新课程理念的掌握、教科研能力的提高、学生特长的发掘和培养等项目的权重，由对终结性评价的过分依赖转移到切实关注过程性评价上来。同时，增加“捆绑式”集体性评价指标，即对教师教学成绩的量化增设“协作奖”，包含两个层面。一是“同荣同辱共进退”，即整体冒尖，则不考虑个体差别，个个受奖；整体落后，则人人无奖。二是“前呼后拥不掉队”，即平行班教师教学成绩差异不拉大到一定分值，且整体成绩居同类学校上游水准，即可享受该奖，反之不受奖，以此推动整体质量的提高。教学评价管理制度的系列改进和完善，有效营造了集体备课的和谐氛围，为团队精神的打造和教学质量的整体提高奠定了精神基石。

2. 新的表达式

以往，我们常常听到校长或教研室在汇报集体备课的成果时，列数集体备课的人数、次数、学科数、文本数，还有论文数等，这些当然是集体备课的成果——“硬成果”。但是，我们更希望听到在集体备课中学习和运用了哪些教学方法；在集体备课中解决了哪些问题，而且是个人力量不能解决的问题。同时，产生或提出了哪些新问题；在集体备课中诞生了哪些“点子”，哪些“点子”是原创，哪些“点子”在实践中被证明是“金点子”；在集体备课中不仅分享彼此的经验智慧，更凝聚了教师的人心、集中了教师的注意力、融洽了教师的关系等，这些是集体备课的成果——“软成果”，也是更重要的成果。

3. 新的聊天式

办公室聊天，是新的教研文化的日常表现，也是新的教研文化的“试金石”。如果教师在办公室聊的都是些“鸡毛蒜皮”“流言蜚语”“股市行情”“麻将扑克”的话，还谈什么教研文化？反之，如果教师在办公室聊的都是：刚刚在课堂上、作业中遇到的问题，请教同事，同事亦热心出点子、想办法；刚刚在课堂上取得的好经验、好方法，急着在办公室里传播；刚刚在课堂上捕捉到的精彩的生成、突发的灵感，急着在办公室里宣传；刚刚查找到的资料，急着与同事分享；刚刚设计的教学方案、创造性练习，急着请同事参谋……那么，我们说“新的教研文化”已经形成。事实上，这是另一种“集体备课”——一种轻松随意的聊天式的集体备课，集体备课的日常查模式。

（二）个人备课，张扬个性

新课程倡导自主、合作、探究的学习方式，这种方式适合学生学习，同样适合教师学习。这种方式，是以“自主”为前提、为基础、为核心，以充分“自主”的身份进入合作，在合作中还保持“自主”，当然这种“自主”不是刚愎自用、顽固武断。这样的合作才能形成真正的合力，使整体大于部分之和。

集体备课就是这样的：合作在集体备课之前，每个人都充分地准备了，都有了自己的理解、自己的设计、自己的难以解决的问题或者独特的见解、特别的资料、有效的方法等，这些内容，或形成文字，或上传网络，或储存于大脑。

一般做法是：教务处或学科教研组在学期初通盘考虑、初步设想，而后征求教师意见形成计划，让所有教师心中有数；再至少提前一周告知具体课题或问题，进行“一次备课”——教师独立思考、查阅资料、生发点子、规划方案、设计练习、产生疑问等。

（三）集体研讨，和而不同

集体备课（也称“二次备课”）时，主持人临时确定主题发言人——这样做的好处是显而易见的——谁都可能当主题发言人，谁都要认真准备，大家都能得到公平的锻炼机会。也许有人会问，万一主持人点到的“主题发言人”没有准备或者不愿意，怎么办？

我们的回答是：更要让他锻炼！

如果经常这样，这本身就说明这样的集体备课有问题，需要组织者进行检讨。

主题发言人发言后，其他教师或补充，或修正，或提问，或独辟蹊径，或针锋相对，或拓展延伸……最后，主持人稍加总结，去芜取精、求同存异，大家带回去的是“同伴中的自己、自己中的同伴”。总之，每个参与者都是独特的“这个”，都在倾听与发言中“拿来”与“付出”，都是赢家。

有人也许会问，集体备课不需要达成共识、统一意见、结集成果吗？

我们的回答是：要，但不是每次都要，也不是最重要的。集体备课追求的不是最后的成果、更不是统一的文本成果，而是过程——主动参与、思维碰撞、智慧启迪、辩驳纠正、丰富完善，以及分担分享学习的、研究的过程。这个过程本身就是成果，是影响更广阔、更深远、更重要的成果。正如一句广告词所言：“我们之所以攀登，不是因绝顶的风光，而是为沿途的风景和永恒的过程。”

（四）实践反思，完善丰富

经“二次备课”，教师开阔了视野、打开了思路、灵活了方法、优化了设计、精进了课业、带回了“同伴中的自己、自己中的同伴”后，再结合具体的教学环境和学生实际进行调整、改进，即“三次备课”，然后在课堂实践中应用、在实践中检验，最后反思得失利弊、优劣高下，在下一次集体备课中提出来，进行第二次分享。经历这样几个回合，集体备课已真正成为教师行动研究、专业成长的过程。

五、系统备课策略

备课需要一系列的步骤（程序）和相应的技能技术，可以系统地从两个维度来进行理解：一是从内容维度来看；二是从时间维度来分析。

（一）从时间维度来看

备课主要分为常年备课、学期备课、单元备课、课时备课。

1. 常年备课

苏霍姆林斯基在《给教师的建议》一书中提到了教师如何备课的问题。他举例说：一个有三十年教龄的历史教师上了一节非常出色的课，连听课的教师和指导员都完全被这节课吸引住了，就跟自己也变成了学生一样。课是怎样备出来的呢？一位听课教师问这位教师：“您用了多少时间来备这节课？不止一个小时吧？”这位教师这样回答：“对这节课，我准备了一辈子，而且总的来说，对每一节课，我都是用终身的时间来备课的。不过对这个课题的直接准备或者说现场准备，只用了大约十五分钟。”这个回答很耐人寻味。这其实也就是说：好的备课不能仅仅局限于课前几个小时，它应该更多地依赖于教师长期的观察、积累、学习与体验，依赖于教师持之以恒、长期不断地积累。这其实也是现在所倡导的“终身备课”理念。

怎样进行这种准备呢？苏霍姆林斯基告诉大家：“要读书，每天不间断地读书，跟书籍结下终身的友谊。”一些优秀教师的教育技巧不断提高，正是由于他们持之以恒地读书，不断地充实他们的知识储藏，使得他们在课堂上讲解教材时能够更加自如地分配自己的知识能量。他们不仅在教书，而且在教书的过程中，给学生以心智上的训练。

2. 学期备课

学期备课是指教师在课标指导下对整册教材的钻研，学期备课可粗一些。学期备课后可编制出“教学进度计划表”，可以是一学期的，也可以是一学年的。考虑到教学计划所涉及的要素较多，在具体制订时，应该从实际出发，选择最主要的因素，建立一个两维细目的表格，其中一个维度就是时间进程，另一个维度则是那些教学中主要的因素，使得一个学期或一个阶段的教学有一个系统的安排，以引导单元备课等行为的计划性和有序性。有些学校制定了供所有教师使用的通式表，这就需要对表格的使用作一定说明。可以参考表5-1。

表5-1　课程教学进度参考计划

学年　　　　第　　学期　　　　授课班级：　　　　第　　页

周次及起讫时间	教学章节及内容	授课类型				教材页码
		新授课	复习课	训练课	……	
第　周 月　日—月　日						
第　周 月　日—月　日						
……	……	……	……	……	……	……

注：①“授课类型”空格处，各学科可以填写本学科具有特色的授课方式；②经过集体研讨后，以学期为单元填写本表格；③本表经备课组和校教务处批准并备案后执行，教师可以根据实际适当调整；④本表一式两份，教务处一份，教师一份。

教务处签名：________任课教师签名：________

年　月　日

以上只是一种类型的设计方式。教学进度计划表有很多种设计方法，并且可以依据各个学校和学科的特色，进行调整或重新设计。

3. 单元备课

单元备课是在一个单元教学之前进行备课，一方面可以帮助教师加深对本学科的整体理解，另一方面可以提高校本教研中备课的有效性。单元备课可拟出各单元的教学计划，围绕这个教学计划进行备课与教学设计。

单元计划应包括以下几个部分。

（1）单元名称。

（2）单元教学目标。

（3）教学时间。

（4）课时安排（表5-2）。

表5-2　课时安排

课时	课题	教学内容	练习	备注

（5）目标测试题举例。

一般在单元备课后附一份与目标相匹配的测试题。

4. 课时备课

课时备课是根据教材中每个单元明确的教学目的、任务、要求、重点、难点及其相应的教学方法，进一步从每节课的实际出发，认真研究单元备课每项计划的具体落实。

课时备课1：

圆的认识

【教学内容】

人教版六年级上册第五单元第一课时第55～59页。

【教学目标】

（1）掌握圆的特征以及圆的各部分名称；初步学会用圆规画圆。

（2）初步体会通过观察事物获得猜想，通过验证得出结论这样一种研究问题的方法。

【教学准备】

圆规、直尺、小球、圆形纸片、磁铁、双面胶、圆形物体、白纸、水彩笔、直尺、圆形纸片。

【教学过程】

（一）初步感受

1. 自然界中的圆

导入新课：同学们，我们已经初步学习了圆。今天我们进一步认识圆。（板书课题）

欣赏圆：自然现象中也有很多圆，你们看，这是光环，这是水纹，这是向日葵。这些都很美。

2. 生活中的圆

请学生举例日常生活中见过的圆形的物体。

预设：圆形的钟面、圆形的光盘、圆形的瓶盖、圆形的茶叶筒盖等。

（注意纠正学生的语言，如篮球不是圆，它是球，不过它的切面是圆形的）

介绍车轮：车轮是圆的。这是车轴，这是钢丝。（计算机演示）

似乎圆在生活中随处可见。有的物体做成圆形是为了美观，而有的做成圆形就有一定的道理，像自行车的车轮就一定要做成圆形，这是为什么呢？其中有什么道理呢？下面我们就以自行车车轮为对象来研究、探索圆的特征。

（二）研究探索圆的特征

1. 画车轮简图

（1）抽象。

为了便于研究，我们把车轮进行简化。（计算机演示抽象化处理）

（2）画图。

这是一个车轮简图，你能很快地画一个车轮简图吗？

拿出一张长方形纸，用桌面上的一些工具或物体（圆形物体、圆规、水彩笔和直尺）很快地画一个车轮的简图。（展示4～6幅作品）

学生说画车轮上的圆的方法。

预设：依靠圆形物体画圆，直接用手画圆，用圆规画圆……

（3）介绍圆规画圆。

圆规是我们常用的画圆工具，用它来画圆，比较准确和方便。那我们先来认识圆规。它有两只脚，一只脚有针尖，另一只脚可装铅笔尖，怎样用圆规规范地画圆呢？

① 先把圆规的两脚分开，定好两脚间的距离。

② 把有针尖的一只脚固定在一点上。

③ 把另一只脚旋转一周，就画出了一个圆。

如果圆规的两脚之间的距离大一点，那画出来的圆就大；反之，画出来的圆就小。

学生练习画圆。（拿出另外一张纸，用圆规画一个大小合适的圆）

2. 原型启发，进行猜想

（1）观察、比较。

学生猜想圆的特征：同学们画出了大小不同、颜色各异的车轮简图，仔细观察，这些图形有什么共同点？你们能根据这些共同点猜想一下，圆可能会有哪些特征吗？

同桌交流猜想。

（2）交流、汇报。

你们有哪些猜想呢？

预设：圆形物体可以滚动，没有角；圆都有一个中心，圆的中心到圆的边缘的距离相等……

（3）评析。

刚才我们猜想圆可能有这样一些特征，但这只是猜想，到底对不对呢？我们还要进行进一步思考和验证。

3. 验证

（1）下面我们来验证一下。

先来验证第一个猜想：圆是有圆心的。

你们感觉圆会有中心吗？会有几个中心呢？会有两个中心吗？圆的中心在哪儿呢？你们能准确地找到这个圆形纸片的中心吗？

让学生利用事先剪好的圆片，自己想办法来找一找圆心。

预设：用尺子量的，用圆规找的，用对折的方法找的……

小结：把这个圆反复对折几次，得到了一些折痕，这些折痕的交点就是圆的中心。

圆中心的这一点就是我们用圆规画圆时针尖的位置，也叫作圆心，用小写字母o表示。

（2）下面我们来验证第二个猜想：圆的中心到曲线上的点的距离相等。

因为圆的中心叫作圆心，所以这个猜想也可以说成圆心到曲线上的点的距离相等。（这里的曲线上的点我们给它取个名称叫圆上的点）

也就是：圆心到圆上的点的距离相等。

这点在圆上吗？（在圆上）

这点在圆上吗？（在圆外）

这点在圆上吗？（在圆内）

这点在？（圆上）

小结：圆上到底有多少个点？（无数个）

那我们要验证这个猜想，不就是要验证圆心到圆上任意一点的距离都相等吗？

学生验证（拿出刚才的圆片，自己想办法验证一下）

学生汇报：学生介绍验证的方法，量的方法，折的方法。

你折了几次？折了4次，现在有8条线段都相等了，那我再折一次呢？（16条）再折一次呢？（32条）我再折一次，再折一次，再折一次，折无数次呢？

（无数条从圆心到圆上任意一点的线段都相等了）

这样，我们就能确定这个猜想是对的了。

（3）刚才，我们通过对车轮这个具体事物的仔细观察，获得了一些猜想，再通过验证，证实了圆确实有这些特征，得出了结论。这是一种重要的研究方法，大家要体会掌握。

4. 进一步体会圆的本质

做游戏，让学生进一步感受一下圆的特征。

（1）线上的小球转动。

将一个小球，系在一根线上，如果捏住线的一端进行转动，假设手的位置不动，小球画出的图形是什么？

我们用计算机模拟一下——画出的是一个圆。

（2）橡皮筋上的小球转动。

同样的小球，系在一根橡皮筋上，同样来转动，看看这时小球画出的图形是什么？

我们用计算机模拟一下。

小球画出的是什么图形？是圆吗？

为什么第一个小球画出的是圆，第二个小球画出的不是圆呢？

学生思考回答：因为第一个小球在转动时，手和小球的距离是始终保持不变的，所以画出的是圆；而第二个小球在转动时，手和小球的距离是在变化的，所以小球画出的就不是圆。

小结：通过这个小球游戏，我们进一步感受到在一个圆中，圆心到圆上任意一点的距离都相等，如果圆心和小球的距离在变化，那小球画出的就不是一个圆了。

5. 认识半径、直径

刚才我们认识了圆的特征，那数学家又是用哪些概念来描述圆的呢？

学生自学课本：请同学们拿出教材自学。看书的时候，把重要的概念画一画、圈一圈，书上的问题可以试着想一想、答一答，有不懂的还可以问一问。

提问1：有哪些概念？什么是半径？半径的两个端点在什么地方？在圆片上画一条半径，用小写字母r表示。

提问2：有几条半径呢？为什么？这无数条半径都相等吗？

提问3：什么是直径？在圆片上画一条直径，用小写字母d表示。

提问4：有几条直径呢？为什么？这无数条直径都相等吗？

提问5：直径和半径之间有怎样的关系呢？

6. 出示练习：判断题

（1）从圆心到圆上任意一点的距离都相等。（　　）

（2）所有半径都相等，所有的直径也相等。（　　）

（3）半径3厘米的圆比直径5厘米的圆要小。（　　）

（4）直径的两个端点在圆上，那么两个端点在圆上的线段就是一条直径。（　　）

（三）解释与运用

思考：运用今天学到的知识解释自行车车轮为什么要做成圆形的。

为了更好地解释这一现象，我们来做个对比实验。

现在有两种自行车，一种车轮做成圆的，另一种车轮做成椭圆的，来看它们的运动情况。

学生想象：坐在这两种不同的车上，会有怎样不同的感觉，为什么？

（因为第一种车的车轴到地面的距离不变，而第二种车的车轴到地面的距离在变化）

学生思考：为什么在圆形车轮中，车轴到地面的距离始终不变化？

（因为在同一个圆里，所有的半径都相等）

看来，生活中的很多现象都蕴含着丰富的道理，需要我们不断地探索，来认识它、解释它、运用它。

（四）课堂作业

运用今天学到的知识用圆规画一个直径4厘米的圆，并标上圆心、直径和半径。

课时备课2：

分数的基本性质

【教学内容】

人教版小学数学五年级下册第57页。

【教学目标】

（1）经历探索分数基本性质的过程，理解分数的基本性质，并能简单运用。

（2）在探索过程中，发展学生合理的推理能力，使学生能清晰地阐述自己的观点。培养学生在合作中形成评价与反思的意识。

（3）在数学学习过程中，体验成功的快乐，锻炼克服困难的意志，建立自信心。

【教学重难点】

教学重点：理解、掌握分数的基本性质。

教学难点：发现、归纳分数的基本性质并灵活运用。

【教学过程】

（一）故事引入，揭示课题

1.教师讲故事

猴山上的小猴子最喜欢吃猴王做的饼了。有一天，猴王做了三块大小一样的饼分给小猴们吃。它先把第一块饼平均切成四块，分给猴1一块。猴2见到说："太小了，我要两块。"猴王就把第二块饼平均切成八块，分给猴2两块。猴3更贪，它抢着说："我要三块，我要三块。"于是，猴王又把第三块饼平均切成十二块，分给猴3三块。小朋友，你知道哪只猴子分得多吗?

讨论：哪只猴子分得多？学生发表自己的意见，教师出示三块大小一样的饼，通过师生分饼、观察和验证，得出结论：三只猴子分得的饼一样多。

引导：聪明的猴王是用什么办法来满足小猴子们的要求，又分得那么公平的呢？同学们想知道吗？学习了"分数的基本性质"大家就清楚了。（板书课题）

2. 组织讨论

既然三只猴子分得的饼同样多，那么表示它们分得饼的分数是什么关系呢？这三个分数什么变了，什么没有变？学生小组讨论后答出：

这三个分数是相等关系，$\frac{1}{4}=\frac{2}{8}=\frac{3}{12}$，它们平均分的份数和表示的份数也就是分数的分子和分母变化了，但分数的大小不变。

猴王把三块大小一样的饼分给小猴子一部分后，剩下的部分大小相等吗？你还能说出一组相等的分数吗？通过观察演示得出$\frac{3}{4}=\frac{6}{8}=\frac{9}{12}$。

我们班有40名同学，分成了4组，每组10人。那么第1、第2组学生的人数占全班学生人数的几分之几？引导学生用不同的分数表示，然后得出：$\frac{1}{2}=\frac{2}{4}=\frac{20}{40}$。

3. 引入新课

学生观察思考：黑板上三组分数有什么共同的特点？

学生回答后板书：分数的分子和分母变化了，分数的大小不变。

它们各是按照什么规律变化的呢？我们今天就来共同研究这个变化规律。

（二）比较归纳，揭示规律

1. 出示思考题

比较每组分数的分子和分母：

（1）从左往右看，是按照什么规律变化的？

（2）从右往左看，又是按照什么规律变化的？

让学生带着上面的思考题，猜一猜，想一想，议一议，再翻开课本看一看书上是怎么说的。

2. 集体讨论，归纳性质

（1）从左往右看，由$\frac{3}{4}$到$\frac{6}{8}$，分子、分母是怎么变化的？引导学生回答出：把$\frac{3}{4}$的分子、分母都乘2，就得到$\frac{6}{8}$。原来把单位“1”平均分成4份，表示这样的3份，现在把分的份数和表示的份数同时扩大到原来的2倍，就得到$\frac{6}{8}$。

备课篇

板书：$\frac{3}{4}=\frac{3\times2}{4\times2}$

（2）$\frac{3}{4}$是怎样变化成$\frac{9}{12}$的呢？$\frac{3}{4}=\frac{3\times(\quad)}{4\times(\quad)}=\frac{9}{12}$怎么填？学生回答后填空。

（3）引导口述：$\frac{3}{4}$的分子、分母同时乘2，得到$\frac{6}{8}$，分数的大小不变。

（4）在其他几组分数中，分子、分母的变化规律怎样？在几名学生回答后，要让学生试着归纳变化规律：分数的分子和分母同时乘相同的数，分数的大小不变。（板书：同时乘相同的数）

（5）从右往左看，分数的分子和分母又是按照什么规律变化的？通过分析比较每组分数的分子和分母，得出：分数的分子和分母同时除以相同的数，分数的大小不变。（板书：都除以）

（6）引导思考："同时乘""同时除以"两个"同时"，去掉一个怎么改？（去掉第二个"同时"，换成"或者"）再对照课本中分数的基本性质，让学生说一说少了什么。（少了"0除外"）

讨论：为什么性质中要规定"0除外"？（板书：0除外）

（7）齐读分数的基本性质。先让学生找出性质中关键的字、词，如"同时""相同的数""0除外"等，然后要求重读关键的字词。师生共同读出黑板上板书的分数的基本性质。

示例：

把$\frac{1}{2}$和$\frac{10}{24}$化成分母是12而大小不变的分数。

思考：要把$\frac{1}{2}$和$\frac{10}{24}$化成分母是12而大小不变的分数，分子怎么变？变化的依据是什么？

3. 讨论

回想一下，猴王是运用什么规律来分饼的？如果小猴子要四块，猴王怎么分才公平呢？如果要五块呢？

4. 质疑

让学生看课本和板书，回顾刚才学习的过程，提出疑问和见解，师生答疑。

通过举例，分析分数的基本性质与商不变性质之间的联系，引导学生运用分数与除数的关系，以及整数除法中商不变的性质，说明分数的基本性质。

例如：$\frac{3}{4}$=（3÷4）×（3÷3）=9÷12=$\frac{9}{12}$

（三）多层练习，巩固深化

1. 口答。（共4题）

学生口答后，要求其说出是怎样想的。

2. 判断对错并说明理由。（共6题）

运用手势判断，错的要求说明与分数的基本性质中哪几点不相符。

3. 在下面（　　）内填上合适的数。

$\frac{1}{3}=\frac{(\quad)}{6}$　　$\frac{10}{16}=\frac{5}{(\quad)}$　　$\frac{9}{12}=\frac{(\quad)}{4}$　　$\frac{12}{24}=\frac{(\quad)}{(\quad)}$

师生以游戏的形式进行，如先由教师给出分子，再让学生对出分母；也可以先由学生给出分母，再让教师对出分子。

4. 连续写出多个相等的分数，比一比，在1分钟内看谁写得多。

让写出相等分数最多的学生站出来，师生予以表扬鼓励。

5. $\frac{1}{a}=\frac{1}{b}$（a、b是自然数），当a=1，2，3，4……时，b分别等于几？

讨论：a与b之间的关系是怎样的？为什么会存在这样的关系？依据是什么？

6. 把$\frac{6}{20}$，$\frac{70}{100}$，$\frac{45}{50}$，$\frac{1}{2}$，$\frac{4}{5}$化成分母相同而大小不变的分数。

思考：分数的分母相同了，有什么作用？揭示学习分数的基本性质的重要性，鼓励学生学好、用好这一性质。

7. 圈分数游戏：圈出与$\frac{1}{2}$，$\frac{4}{5}$相等的分数。

（四）课堂小结

略。

（五）课堂作业

课本练习十四第4、第5题。

（六）动脑筋出会场

让学生拿出课前发的分数纸，要求学生看清手中的分数。与$\frac{1}{2}$相等的，报出自己的分数后先离场；然后与$\frac{2}{3}$相等的离场；与$\frac{3}{4}$相等的最后离场。

课时备课3：

认识分数（第1课时）

【教学内容】

苏教版小学数学教材三年级上册第7单元。

【教学目标】

（1）通过借助把一个东西“平均分”，用分数表示其中一份或几份，使学生经历、体悟和感受把一些东西平均分，可以用分数几分之一表示其中的一份的分数思想方法，并能根据具体的问题情境，用几分之一表示出部分与整体的关系，从而进一步认识分数。

（2）通过自主探索、动手实践、合作交流等学习活动，使学生经历探索、发现和认识用分数表示一些东西的几分之一知识的获取过程，从而进一步构建分数“几分之一”的实际概念。

（3）让学生通过对实际问题的解决，感受“认识分数”的生活价值和数学价值；通过经历对分数的新探索、新发现和新认识，体悟和感受数学学习的快乐。

【教学重难点】

教学重点：探索和发现把一些物体平均分，其中的一份可以用分数几分之一来表示的思想方法；认识几分之一，并能正确表示出一些物体的几分之一。

教学难点：在认识和建构几分之一的过程中，能正确区分用分数几分之一表示一些东西平均分后一份的实际意义与一份所对应的具体数量，能清晰地用数学语言表述几分之一所表示的部分与整体的关系。

【教学准备】

苹果6个、小刀1把、围棋子若干、小棒若干、课件等。

【教学过程】

（一）挖掘经验，探索发现

1. 教师组织学生说说所认识的分数，并进行板书，如$\frac{1}{2}$、$\frac{3}{5}$、$\frac{1}{6}$。

出示一个苹果，把它平均分给2个同学，让学生说说每个同学能分得这个苹果的几分之几？

当学生得出结论$\frac{1}{2}$，教师将苹果随意切成大小不等的两个部分，再让学生判定其中的一份是否为一个苹果的$\frac{1}{2}$，从而感受和体验分数的含义，理解分数的关键——平均分。

教师结合学生的分析，板书“平均分”。

2. 再出示一个苹果，把它平均分给4个学生，由学生说说每个同学能分得这个苹果的几分之几，从而感受和体验$\frac{1}{4}$。

3. 出示一盘苹果（4个），引导学生探索“如果平均分给4个同学，每人分得的苹果数是这盘苹果的几分之几”。

学生独立思考后进行交流，教师组织学生试说自己的想法，得出$\frac{1}{4}$的概念。

4. 出示一盘苹果（4个），组织学生探索“如果把一盘苹果平均分给2个学生，每人分得的苹果数是这盘苹果的几分之几”。

学生分组交流，然后全班反馈，引导学生说说自己的思考过程：把这一盘苹果平均分成几份？每人分得几份？一份是几个？是这盘苹果的几分之几？

5. 教师组织学生观察和思考上面分苹果的情况，让他们发现分数表示数的规律，即把一个或一些物体平均分成几份，其中的一份都可以用几分之一来表示。

（二）问题解决，深化发展

1. 组织学生完成教材“想想做做”。在学生独立思考的基础上组织学生反馈，教师针对学生得出的分数，选择性地组织学生交流自己的思考过程。

2. 小组活动。

（1）出示一些物品（6个、12个、18个围棋子），由学生平均分，找出其中的$\frac{1}{2}$。交流讨论其中一份的个数，并组织学生针对不同的结论进行讨论，思考：为什么同是$\frac{1}{2}$，所对应的个数会有不同？

（2）再找出$\frac{1}{3}$比较、研究每份的数量差别。

3. 完成教材练习题。

教师组织学生独立思考后进行全班交流，从而补充出示“10个萝卜中有4涂6不涂的图片”，组织学生判断涂色的图片是否为萝卜总数的$\frac{1}{2}$，并进行交流、纠错，以深化学生对分数的认识。

（三）实践应用，形成技能

1. 引导学生在教室里找一找，说说（　　）是（　　）的几分之一。

2. 组织学生排队，其中女同学人数是总人数的$\frac{1}{3}$。

① 学生小组交流思考过程，寻找问题解决方案。

② 反馈后分别请1、2、3名女生排队，再邀请男生排队。

③ 组织9名学生排队后，引导学生观察思考：当1个学生下去时，下去的学生是现有学生数的几分之一？2个学生下去时，下去的学生是现有学生数的几分之一？再下去3个呢？

3. 拍手游戏。

（1）师拍几下，学生拍师的几分之一。

（2）师拍几下，是学生的几分之一，由学生拍。

4. 分组活动。

一堆小棒有12根，拿出这堆小棒的几分之一。学生小组活动后，全班进行反馈交流。

5. 课后活动。

思考题：出示一捆铅笔（40支），可以把它平均分给（　　）个同学，每个同学分得（　　）支，是这捆铅笔的$\frac{(\quad)}{(\quad)}$。

第六章　备作业

练习，是教师根据教材特点、教学需要、学生实际而精心设计的口头练习、书面练习或者综合练习，其对知识的掌握、能力的发展、人文的涵养、成绩的提高都十分有益。同时，重要的练习、核心的内容，一定要在教师的眼皮底下过。

就数学而言，戴再平的《数学习题理论》一书指出，数学习题具有知识功能、教育功能和评价功能。在数学教学中，解答习题本身并不是目的，解题之所以成为数学教学活动的重要形式之一，是因为数学习题存在着多种功能。当学生一旦进入解题这一活动情境之中，他就接受着一种思维体操训练，从技能的或思维的、智力的或非智力的各个方面塑造自己，以达到数学教育的培养目标。

新课程的练习已不再完全是课堂教学的附属，而是重建与提升课程意义及人生意义的重要内容。因此，在新课程背景下，教师要充分开发习题教育资源，使习题的知识功能、评价功能和教育功能三者并重，对每一道习题都要用足、用好、用到位，以促进学生主动学习，开发学生创造潜能。

一、作业与练习的作用

正像学生不可能只是通过听讲解就能学会骑自行车一样，在把新信息从工作记忆转入长时记忆的过程中，练习是关键的一步。

在知识的学习和技能的掌握过程中，许多知识的保持是通过多次练习和复习达成的，练习是学习和教学的必备环节。有了这个环节，教学便能对症下药，教师便能针对学生不同的学习进度合理安排教学，对学生的学习进行有效补习。学生也有了一个自我检验和自我体验的机会。发现优点，找出不足，学生就能合理安排自己的学习。

二、作业与练习的类型

一般来说，作业大致可分为以下六个方面，共15个类型（表6–1）。

表6–1　作业分类

分类向度	类型		
形式	口头作业	书面作业	动手操作
时间顺序	课前作业	课堂作业	课后作业
空间取向	课内作业	课外作业	—
层次	基础作业	综合作业	提高作业
指定性	单元作业	篇后作业	—
成员关系	独立型作业	合作型作业	—

根据教学目的的不同，作业和练习又可分为以下四类。

（1）准备性和前导性的习题。这类习题运用并重现以前已掌握的知识、技巧和能力，以便学习新教材。

（2）尝试性的习题。这类习题运用新学习和掌握的知识和方法，因没有达到牢固熟练的水平，在运用时允许有错误。

（3）操作性的习题。主要用于培养技巧和能力，这类习题较为复杂，设有问题情境，要求迁移原来掌握的知识和技能。

（4）检查和测验性的习题。这类习题的目的是弄清学生知识和能力达到的水平。从不同角度研究，会有不同的分类结果。目前较权威的是国际教育百科全书中对作业所划分的六种类型，分别是：①巩固所学知识和技能的作业；②扩大知识面的作业；③把所学知识和技能系统化的作业；④把所学知识和技能运用到给出的实例和情境中的作业；⑤要求学生把所学知识和技能运用到实例和场合中并独立找出答案的作业；⑥引导学生进入新课题的作业。

从这一分类中，我们看到这样一种作业设计指向，即以知识和技能的掌握和运用为核心，按深度递进，渐次划分出六种作业类型。

这种作业分类依作业的功能来划分，突出了作业的功能是帮助学生掌握所学的知识和技能，并能运用所学的知识和技能独立地思考分析以及解决问题，特别是强调要在一定的情境和场合中运用学到的知识和技能。

三、作业与练习设计的原则

（一）作业与练习设计常出现的问题

在作业与练习设计中，常会出现这样一些问题。

（1）设计没有明确的目的性、针对性、多样性和层次性。

（2）从完成练习的思维操作来看，低层次认知水平的练习过多，富有挑战性的练习不足。

（3）形式单一，缺乏变化。

（4）设计倾向于从教师的主观意愿出发，对学生的实际关注不够。

（5）没有条件性设计或反馈矫正设计，不便于评估学生的发展状态，不便于学生反思。

（二）作业与练习设计要考虑的问题

（1）学生是否了解与其作业相关联的学习目标？也就是说，学生是否知道通过作业他们要学的是什么？

（2）学生完成作业是否意味着所期望的学习目标的实现？

（3）所布置的作业能否进一步激发学生的学习欲望？

（4）学生是否了解完成作业的方法？

（5）学生是否清晰地了解判定其作业质量的标准？

（6）作业的分量是否合理（从实现学习目标和时间安排来看）？

（7）学生是否熟悉作业的类型？

四、作业与练习设计的指标与原则

（一）作业与练习设计参考指标

一份优秀作业的标志，应该能符合逐步培养和发展学生各种能力的指标，以下十个指标可以用来参考。

（1）作业是否有助于学生学会从课本中找出并处理重要信息？

（2）如果学生学完了各章的问题，他们是否掌握了足够的知识，可以帮助阅读并理解下一章或下一学年的课本？

（3）作业是否能帮助学生学会各种学习技巧？

（4）学习技巧中的何时、何地、如何、为何等问题，是否在作业中都有体现？

（5）学生知道怎样去完成作业吗？方法和材料能被有效地利用吗？

（6）学生有完成作业所必需的背景知识吗？

（7）作业是根据学生的不同能力、兴趣和个性特点来安排的吗？

（8）作业是否值得学生去做？换句话说，它能够激发学生的学习兴趣吗？学生了解做这些作业的真正原因吗？

（9）作业题目是否清晰、具体？

（10）作业的数量和难度恰当吗？

如果上述问题的回答都是肯定的，那就可以说这份作业设计是优秀的。

（二）作业与练习的设计原则

作业不仅要帮助学生检查和巩固书本知识，更重要的是提供一个教给学生学习技能的良好机会，一个提供给学生思考问题、了解各种学习方法和手段的相对优点，以及运用这些方法和手段的机会。

总之，不管是何种类型的作业，作业设计的宗旨是，通过口述、书写或实践，进一步巩固和强化所学的知识和技能。作业的设计要体现出知识和技能的综合运用，应遵循以下几个原则。

1. 内容的科学性

作业和练习设置要紧密围绕教材内容为教学目的服务；要有助于学生对基础知识的掌握，有助于对学生能力的培养和思想教育。切忌漫无边际，应由随意性、单一性向有目的的、灵活多样的作业设计方式转变。

2. 设计的完整性

作业要体现完整性。要把作业安排纳入训练计划之内，其要包括知识能力、学习态度，以及学习方法等多方面的学习，要对学生的素质进行全面的培养。作业要体现连贯性，依据学生的认知规律和身心发展规律来设计。

3. 难度的层次性

其理论依据是“因材施教”原则。作业的设置也应按照学生的学习情况、心理特征以及认识水平等差异，把学生分为几个层次，对作业题目分层设置。习题按由易到难的顺序排列，要符合学生学习和认识事物的规律，使学生能够综合运用学过的知识和技能。要指导学生按照一定的步骤循序渐进地完成作业。比如，高难度层次着眼于提高综合分析能力，中等难度层次着眼于基本知识的理解和基本技能的培养，低等难度层次侧重于基础知识的掌握。争取做到各个层次的学生都能各取所需。如果遇到学生的能力一时还不能达到完成作业的要求，应当提出一些学生能达到要求的阶梯式问题，以适应学生的学习实际，减轻“学困生”的压力。

作业要注意其适应性。每个学生都有自己的学习速度、方式和方法，这就要求布置作业要具有一定的弹性，要适应个别差异，学生能依自己的程度，做出适当反应，从而减少做作业的挫折感。

4. 思维的启发性

作业设计要能够引起学生的兴趣与注意，能够激发学生的好奇心与想象力，激发学生愿意独立完成作业的情感，并尽可能地挖掘学生的创造性思维潜能，培养学生的综合思维及解决问题的能力。题目的设计应由单一转变为多样，要有启发性，因为学生的思维作业方式各有不同。所有作业的答案也不一定都要一致，这样才会激起学生对作业挑战的兴趣，使学生乐于作业。此外，作业的设计应向学生提出自学的要求，用作业题来指导学生自学。好的作业能促进学生开动脑筋，培养他们的自学能力。而那些不需要动脑筋的作业，则无助于学生技能的培养。

5. 题目的趣味性

美国著名心理学家布鲁纳说过：“学习的最好刺激，乃是对所学材料的兴趣。”孔子也说过：“知之者不如好之者，好之者不如乐之者。”这里的“乐之”就是兴趣。可见，兴趣是入门的向导。因此，应从不同的角度、不同的层次提出问题来设置作业题目，力求做到题目新颖有趣，形式灵活多样。

6. 题量的适当性

作业太多太繁，会造成学生负担过重和主要知识与次要知识凌乱不分，产生副作用，故而切忌“题海战术”；作业过少，达不到练习的目的。因此，布置作业要适量、精要，各种题型的比例要适中，要有很强的针对性。作业的总量应该在学生能负担的范围之内，还应保证学生有自由活动的娱乐时间。

案例6-1：在学完圆锥体的特征后，还有7分钟下课，教师模仿《幸运52》设计了一个“抢答游戏”环节。

师：到现在为止，我们已学过哪些立体图形？

生：长方体、正方体、圆柱体、圆锥体。

师：下面我们做一个抢答游戏，游戏规则是，在老师描述的过程中你们就可以进行抢答，说出老师描述的是我们学习过的哪种立体图形。不一定要等老师题目全部叙述完再答，我们看哪组同学回答得又准又快。

师：请从我的描述中回答，这是什么？这是一种立体图形，它有三个面，其中一个面是曲面，沿着它的两条高将它的侧面展开，可以得到一个长方形。

生：圆柱体。（老师还没说完学生就马上抢答）

师：这里有一种立体图形，它有六个面、八个顶点、十二条棱……

生：长方体。（学生没等教师说完抢着举手说）

生：也有可能是正方体。

师：为什么也有可能是正方体呢？

生：正方体也有六个面、八个顶点、十二条棱。

师：到底是正方体还是长方体呢？请接着听——每个面都是正方形。

生：正方体。（课堂气氛越发活跃）

师：这里还有一种立体图形，它有两个面，将侧面展开后是一个扇形。

生：圆锥体。

师：这里还有一种立体图形，它有十二条棱、八个顶点、六个面，每个面都是长方形，有时也有一组对面是正方形。

生：长方体。（生抢着举手说）

师：这是一种立体图形，沿着它的高切开，可以得到两个完全相等的等腰三角形切面。有时也可能是两个完全相等的等边三角形。

生：圆锥体。（教师用多媒体演示验证学生的答案）

抢答游戏新颖有趣、别具一格，学生完全被游戏吸引，注意力高度集中。这样的课堂练习设计，不仅让学生复习了过去所学的知识（长方体、正方体），也巩固了本节课所学的知识，而且培养了学生的空间观念，发展了学生的空间想象力。在整个抢答过程中，学生不仅停留在快乐的状态中，而且在玩中学、趣中练，很快就进入了真正思考的境界，取得了“课虽终，思不止”的效果。

案例6-2：下面的5件物品分别是小明、小军、小红、小芳和小力买的。

水彩笔	蜡笔	钢笔	巧克力	饼干
24元	18元	8元	6元	4元

小军买了水彩笔，小明买了巧克力，小军用的钱是小明的几倍？

小力用的钱是小明的3倍，小红用的钱是小芳的2倍。小力、小芳和小红各买了什么？

师：小明、小军、小红、小芳和小力一起逛超市，想知道他们都买了些什么吗？（出示例题）

学生顺利完成了其中的两道题。很好地复习了求一个数是另一个数的几倍和求一个数的几倍是多少的题目。但老师并不满足，提出了新的问题——

师：老师也从这5件物品中买了2件，想知道是什么吗？（出示条件：其中一件的价钱是另一件的3倍）

生1：老师买了蜡笔和巧克力。因为18÷6=3。

生2：老师也可能买了水彩笔和钢笔。因为24÷8=3。

师：那么，老师究竟买了什么呢？能添上一个条件，确定老师买的是什么吗？

（课堂气氛顿时活跃起来，同学们纷纷议论起来）

生3：只要添上老师买的都是学习用品，就能肯定是生2的方案。

师：非常好！那再添上“其中一件物品比另一件贵12元”就可以肯定是生1的方案了。（下面几双小手迫不及待地高举着）

生4：如果添上“其中一件物品比另一件贵16元”也能肯定是生2的方案。

师：同学们真会动脑筋。下面我们也一起去超市买东西，你也选两件物品，用一句话说出它们的关系，让同桌猜猜你买的是什么。（同学们很兴奋地互相说起来）

师：谁来说给大家猜？

生1：我买的一件物品价钱是另一件的6倍。

生2：是水彩笔和饼干。24÷4=6。

生3：我买的一件物品价钱比另一件贵20元。

生4：是水彩笔和饼干。24−4=20。

有同学小声说：“他们说的是一样的。”

师：生1和生3说的什么是一样的，什么是不一样的？（引导学生体会到两个数之间有时既可说成倍数关系，也可说成相差关系）

师：同学们，想知道妈妈买了什么吗？（出示条件：妈妈花了不到30元钱买了上面5件物品中的2件，妈妈可能买了什么？并说出这两件物品间的关系）

学生独立写。学生互相汇报补充得到了7种购买方案。

师：同学们认真思考，帮妈妈设计了这么多购买方案。想想怎样才能又快又不遗漏地把这么多种方案都找出来？（引导学生提炼策略，有序思考）

学生又一次积极思考，并小声讨论起来……

这节课教师以一道习题为蓝本，潜心钻研教材，把握知识结构，充分利用资源，对习题进行了“无中生有”的添加，使习题增值，给了学生一片思维驰骋的天空。

练习设计要围绕教学目标，变重复练习为灵活多样的练习，变静态练习为动态练习，变封闭练习为开放的练习，变练习素材为课堂内外相结合的练习。新课程理念下的练习设计，不再局限于机械操练，而以其灵活的设计形式和丰富的练习内容，使数学练习的功能得到不断拓展，使数学活动的价值得到不断提升。因此，我们要合理地开发习题资源，给学生探究体验和顿悟的时空，让学生在练习中观微知著、触类旁通、自省自悟、豁然开朗、享受成长！

“海阔凭鱼跃，天高任鸟飞”，课外作业就是那方“天”、那片“海”。

第七章　备板书

板书是教师运用文字、符号或图像，呈现教学内容和学生的认识过程，使知识概括化、系统化，帮助学生正确理解、增强记忆，提高教学效率的教学行为。

有人认为，现在都强调运用现代信息技术手段进行教学了，板书已经成为“一支粉笔加一张黑板”的时代的过去式了。但实际上，板书仍然具有现代信息技术所不能达到的功能。教师把教学要点用题号和标题、概括的文字、图表等板书在黑板上，再用连线、加强符号、彩色粉笔随时加以渲染，使一节课的内容简明扼要、系统清晰地展现在学生眼前。这样的过程不仅能够起到吸引学生的注意力，突出教学重点，加强教学的系统性、结构性的作用，而且使学生的思维有一个缓冲的过程，有利于学生进一步深入地思考、理解与记忆。例如，在教学数字书写顺序的过程中，学生不仅潜移默化地知道了书写的顺序，而且增强了记忆的效果。现在很多教师过分强调课堂教学的现代化与信息的大容量，将很多内容用Power Point的形式快速地放出来让学生浏览，长期这样，对于学生的思考、思维、记忆是不利的。

另外，好的板书还是一种美的享受，教师漂亮的字体、巧妙的构思，不仅会使学生感受到板书的形式之美，而且会使学生从教师的“艺术创作”中体会到教师的内在品格之美。教师能在黑板上写一手好字、画一手好画，能够很好地梳理出课堂内容的结构框架，也可以增强教师的魅力，从而激发学生对本学科的兴趣。

一、板书的类型

（一）提纲式

提纲式的板书，是对一节课的内容，经过分析和综合，按顺序归纳出几个要点，再提纲挈领地反映在板书里。这种形式能突出教学重点，便于学生抓住要领，掌握学习内容的层次和结构，培养学生分析和概括的能力。

（二）表格式

表格式的板书，适用于对有关概念、性质、规律等进行分类与对比，从而认识其异同和联系。教师根据教学内容可以明显分项的特点设计表格，提出相应问题，让学生思考后提炼出关键的词语填入表格中，也可以边讲边把关键词填入表格，还可以先把内容分类，有目的地按照一定位置书写、归纳，总结时再形成表格。表格式对比直观、鲜明，能使学生印象深刻，对事物的特点抓得准。

（三）图表式

图表式的板书用文字、数字、线条、关系框图等来表达，这种板书适用于将分散的相关知识系统化，对某一专题内容进行分析、归纳和推理，或提示某一专门知识中的若干要素及其联系。

（四）词语式

选择关键的词语作为板书，或者引起学生的注意，或者对所学内容起到画龙点睛的作用。

（五）图示式

图示式板书把板书和板图结合起来，用不同颜色的文字、线条、勾画出简明的图形或图表，使学生从知识的相互联系上理解知识。

（六）练习式

练习式板书具有较强的启发性，教师在黑板上只列出表格或留出间隔，但不写出答案，给学生留有思考的余地。这种板书同时可以起到练习题的作用，用以复习巩固所学过的知识。

（七）总分式

总分式板书适合于先总体叙述后分述或先讲整体结构后分别讲解细微结构的教学内容。这种板书条理清楚，从属关系分明，给人以清晰完整的印象，便于学生理解和掌握教材结构。

（八）综合式

综合式的板书，即以上七种板书的综合运用，再配合图画、图表等，构成了一节课完整的板书体系。

二、板书的要求

字体工整、清晰，书写规范、准确，有示范性；用词恰当，线条整齐，图表规范，有科学性；层次分明，条理清楚，主线清晰，枝蔓有序，有条理性；重点突出，详略得当，有鲜明性；布局合理，有计划性；形式多样，给人以美的享受，有趣味性；静中含动，有启发性。静中含动，根据需要，加上实线、虚线、箭头、括号、省略号，使静态的板书蕴含着动态的思路，给学生思考的余地。教师边讲边写，边讲边画，比用现成的文字挂图或事先画好的挂图，对学生具有更大的吸引力和启发性，会同时调动学生的视觉和听觉，综合发挥作用。

板书的文字、图表、格式要灵活多样，要有新的变化，既整齐、规范、美观，又有新异、奇特之处，使学生感到生动、活泼、趣味横生，给学生以美的享受，拨动他们的心灵，引起他们浓厚的学习兴趣，有助于加深理解和记忆，提高思维的积极性和持续性。

另外，在写板书时，一定要四圈留白，不要靠边写，不然黑板显得局促、紧张。而上边和下边的处理也要看教师的身高和学生的座位高低，随机应变。

三、板书的载体

如果从板书载体的维度来划分的话，以上所说的都是粉笔板书的不同类型，已经被使用多年了，有许多优点，但也有一些不足。例如，粉笔末会污染环境、损害师生的健康，教师的劳动量大，所用的教学时间较长，等等。随着现代教育技术的进步，现在已出现了一些不使用粉笔的板书方式。

（一）拼接粘贴式板书

这种板书是教师课前在较硬的磁板、纸条上写好或画好板书内容，背面贴上双面胶或利用磁性黑板，上课时一边讲一边把相应的纸板或磁条贴到黑板上，它既可以克服粉笔板书不卫生、劳动量大等缺点，又不受光线、设备的限制，且规范、美观，是颇具生命力的一种板书形式。若将大家普遍使用的文字板书、图表、景观图由工厂印制为产品公开发行，则既可以节省教师的备课时间，又能保证板书的质量。

（二）交互式电子白板

交互式电子白板相当于一个投影幕，当投影机照到白板上时，由于白板内部的特殊构造（电磁感应原理），此时白板就相当于计算机的显示屏，用一支专用笔代替鼠标在白板上进行操作，可以运行应用程序，可以对文件进行编辑、注释、保存等在计算机上利用键盘及鼠标可以实现的操作。电子白板还可以作为计算机白板使用。将电子白板与读算机相连，此时的电子白板就相当于一个面积特别大的手写板，可以在上面任意书写、绘画并即时在计算机上显示，文件保存为图形文件。

四、板书的结构布局

板书的结构布局是指各部分板书在黑板上的空间排列，以及其与教学挂图、幻灯屏幕、小黑板、电视机等的合理对应。教师在备课的时候应将各部分内容在黑板上的位置事先安排好。

板书的结构取决于所学内容的知识结构、学生的认知水平及教学过程的安排，但各个重点、难点、知识点之间的关系要一目了然。板书结构还要体现各部分的关系，如从属关系、并列关系、因果关系及递进关系等。板书要体现学生的认知过程，讲究先后次序，哪些内容写在前面为后面的知识做铺垫，哪些内容写在后面呼应前面的知识，都不能随意变化。

第八章　备课预约出的精彩

显然，备一节好课，与教师的经验积累、教学悟性、学习意识、交流意识有着很大的关系。所以，要读书、要与同伴和名师对话、要实践、要反思等成为青年教师成长的必由之路，可以说，没有捷径可循。“备教材、备学生、备教法”也基本成为广大教师备课的一个重要法则了。

然而，随着新课程的不断深入，课堂教学越来越趋向活跃，学生和教师也越来越不满足于单纯地听或讲的学习方式了，学习方式正趋于多样化，我们面临的挑战也越来越多。课堂教学，从来没有像今天这样变得如此开放，教学工作也因此需要增加专业的含量，高质量备课也就成为保证课堂教学的一个重要环节。怎样备一节好课，或者说，教师备课的基本功如何修炼与提升？我认为，很难找到一个万能的方法供所有的人使用，我只是结合自己的教学实践谈一些体会，从另一个方面看教学、看课堂，希望能对广大教师的备课产生另一种启发。

一、注重对教学过程的设计

“备好课是上好课的前提。”从走上讲台的第一天起，我的老师就这样谆谆教诲我。于是，我每天的工作就进入了一个循环：备课—上课—改作业—备课。我的工作由于重复而显得单调乏味。忽然，我有了一次讲公开课的机会，备经典课就成了那一段日子里的一项重要工作。经过一次次试讲、一次次修改，到了正式上课时，教师的那份激情早已被磨灭，因为大脑里装的都是教案里的程序和过渡语，对于突发状况，唯一的处理原则就是：尽量淡化，以免节外生枝。课程自然顺利完成，但课后自己总觉得缺了点什么。上这样的课，在备课时，我首先想的是“我怎样讲”，所以，备出来是围绕“教师怎样讲”展开的，自然这一节课最终以能够顺利地完成预定程序为立足点，由此带来的课堂教学中的按部就班、一问一答的形式也就不足为奇了。

所谓的精彩，往往体现在教师个人的素质和一些精美的课件上，而缺乏的正是围绕某个问题来引导学生与学生、学生与教师之间的互动、对话和交流。这些课堂本质的东西恰恰是最容易丢掉的。由此，我想到把备课称为教学设计，更能让人在备课之时、上课之前，就感受到课堂教学中的智慧的涌动、心灵的对话。

所以，教学设计不等于单纯的备课，传统的备课即以知识的最终获得为目的，是直线型的。而教学设计是要预测教材内容、学习环境、教师行为所引起的效果，并规划教师的教学行为，即形成设想或预想，这是一节课成功的前提。

备课凭借的依据是教材和教参，以及教师多年来积累的经验。备课的目的是设法使教师能够把教材上的知识讲清楚，让学生能够听明白，能够进行模仿练习，能够在各种学业考试中获得高分。

教学设计则是教师具备一定的教育理论素养之后，对教学工作的一种新认识。它将教师施教之前的工作看成一种智慧的再创造，它需要将知识、情感、学生以及教学方法等多种因素巧妙地整合在一起，以达到育人的目的。

只注重备课的教师，以将课本知识传递给学生为己任；注重教学设计的教师则把自己看成一位“工程师”，考虑让学生获得知识，更关注学生在获得知识的过程中的情感体验、学生的创造能力以及潜能的发挥。

只注重备课的教师，关心的是课堂上如何按预计的方案完成任务，不希望教学中有意外的事情发生；而注重教学设计的教师，则以不断体会和把握教学规律为目的，在追求预设目标实现的同时，更加追求课堂教学中的生成性目标，不断追求课堂教学的创造性，教学的魅力不断闪现。

因此，注重备课的教师，想的是“我怎样讲书上的知识”，却很少去考虑“学生怎样想”；关心的也是自己采用什么方法，在教学环节上缺乏让学生去探究的方式，更没有让学生通过交流碰撞去获得知识和产生良好的体验，课堂上的一切都在教师的掌控之中。而把备课工作作为一种教学设计的教师，不仅关心学生知道些什么，而且关心他们是怎样学到的，怎样将一个错误的理解变为正确的认识，把教师的“教”放在如何引领学生去“学”上；他们会为学生设计一些学习材料，设计一个有挑战性的问题，放手让学生去学习，鼓励学生在交流中、在不同观点的碰撞中掌握知识，获得能力上的发展。

也许，这样会在课堂上出现意想不到的问题，也许还会使教师不知如何处置；但是，正因为这种学习的真实以及教师与学生的平等对话，课堂上往往容易出现精彩的瞬间，而这许多个精彩瞬间往往会对学生产生久远的影响。所以，将备课说成是教学设计，并不仅是一个名称的替换，或许我们还会继续用“备课”这个词，但它的背后却是一种教学观念的更新。

二、注重对不同教学思路的追问

有一次备“圆的周长”一课，我与几位教师一起先后设计了几个教学方案，因为不同的教学思路决定着不同的教学方式。

第一种设计，教师为学生提供用硬纸剪的大小不同的圆和相关的学习材料，学生分小组按教师所提的要求先测量出每个圆的周长和直径，再通过计算，寻找圆的周长与直径的关系，进而得出圆周长的计算公式。

第二种设计，教师也为学生提供大小不同的圆和相应的材料，所不同的是这些圆有的是用硬纸做的，有的是用软布做的，有的则直接画在一张纸上没有剪下来，同样是让学生分小组探索圆的周长与直径的关系。

粗略看起来，这两种方式并无太大的差异，都注意到了让学生通过动手操作积极参与学习过程；但细细分析，二者为学生提供的探索空间却有着明显的差别。

第一种设计，虽然也为学生的主动探索提供了一些机会，但依然将关注点放在了计算公式的导出和运用上。因为无论学生测量多少个圆的周长，由于每个圆都是用硬纸剪裁的，只是大小不同而已，得出周长的方法无非是滚动法或绕绳测量法两种方式。在这样的情境中，学生只能进行同一层次的思考，欠缺对问题的探究。

第二种设计，更关注学生主动探索与创造的可能，而不仅仅是为了得出计算公式。“想办法找出这些不同圆的周长”，学生在这个问题的引导下，通过积极合作，对于硬纸做的圆用滚动或绕绳的方法测出，但软布剪的圆不能这样量，怎么办呢？学生在欲罢不能的情境中，大脑细胞被激活，产生了探索与创造的欲望。在小组合作学习中，通过相互启发，用折叠的方法，先量出圆的$\frac{1}{2}$或$\frac{1}{4}$周长，再推算出整个周长。面对纸上画的圆不易直接测量周长这一问题，学生又自然转入探索周长与直径关系的研究。整个活动充满着挑战。教师为学生提供了充分的从事数学活动和交流的机会，学生则在自主探索的过程中真正理解和掌握了数学知识、数学思想和数学方法，在这一过程中所获得的数学活动经验又有助于学生形成一种积极的、正确的情感和态度，为其进一步的学习积累有效的经验。

经过比较、反思，我们一致认同了第二种设计，因为我们认为有意义的数学学习必须建立在学生主观愿望和知识经验的基础之上，有效的数学学习活动不能单纯地依赖模仿与记忆，动手实践、自主探索、交流反思是学生学习数学的重要方式。数学的学习不应成为简单的概念、法则、公式的掌握和熟练的过程，而应该具有探索性和思考性，鼓励学生经历数学的学习过程，让学生在解决问题的过程中发展自身的探索与创新精神。所以，课堂上学生投入了极高的热情和探究的欲望，教学取得了令人满意的效果。这种成功应该归于教师课前对学生学习过程的充分预设，也就是说，预设创造了适于探索的学习氛围，提供了适于探索的材料。

还有，同样是列方程解应用题教学，不同的教学思路会带给学生不同的教学效果。

一种思路是：先引导学生复习含有未知数的文字题，接着出示例题，对例题进行非常细致的分析，如条件是什么，问题是什么，都交代得非常透彻，在此基础上理出题目中的数量关系，设未知数并列方程解答。然后学生模仿例题，一步步地做题，在熟练中获得一种技能。

另一种思路是：先出示例题，鼓励学生或独立或小组合作学习，寻找问题中蕴含的所有的数量关系，让学生利用已有的知识和能力，尝试用多种方法解答此题。教师只组织学生就这些不同的解法作出比较，弄清每种解法的基本思路是什么，使学生在尝试比较的基础上悟出列方程解应用题的本质是将未知的问题当作已知的数据参与运算。

无疑，后一种思路有助于对问题的解决，因为条件多了，自然就拓宽了学生解答时的思路。最后，让学生从一组题目的解答中体验用方程解题的优越性及列方程解题的基本方法。

我们且不过多地分析细节之处，仅从两种教学思路背后所隐藏的教育观念（有些是教师所未意识到的）进行分析。不难看出，前者课堂的基本结构是“复习旧知—讲授新知—巩固新知”，体现出的是以知识的传授为目标，关注的是学生对新知“懂不懂”，至于学生自主解决问题、探究、合作等方面的发展，则考虑得很少。后者上课的基本结构是“问题情境—合作探究—解释应用”，体现的是以知识为载体，为学生创设自主探究、合作学习、体验成功的学习氛围，关注的是学生“会不会”及“能不能”。显然，后者提供给学生的发展空间较大，它体现的正是现代主体教育观念。因此，教师要不断地扶植和巩固学生想要成为发现者的愿望，使学生成为发现者、研究者、探索者。

所以，虽然只是对一节课的不同想法，如果我们能够经常有意识地对不同教学思路加以分析，而不是仅停留在单纯比较其教学技术的层面上，那么，我们获得的教学体验也往往是更深刻的。我们有许多课不止上了一遍，如果能把其中的经验积累下来，透过不同方式去积极寻找相同的地方，就形成了课堂规律的一种把握，也有助于形成属于自己的教学特色，这对教师而言是最为重要的专业成长过程。

三、注重学生之间的交流与质疑

也许，有些内容在备课中被忽略了，如教师在备课时忘了把作业做一遍，以致在课堂上出了点“偏差”，我想这些都是再常见不过的事了。我们不可能把所有问题都预想到，但我们应该知道哪些是重要的，哪些不一定非要教师讲过学生才会，要学会利用学生资源，让学生在交流与倾听中调整思路、掌握方法。

记得在学生刚刚学习一位数除两位数的知识时，作业中有一道题目：一副手套的价钱是7元，一双鞋子的价钱是84元，一双鞋子的价钱是一副手套价钱的几倍？当我让学生做这道题目时，学生开始窃窃私语，怎么回事？我让学生说说自己的意见。原来学生们觉得这道题目书上出错了，因为他们只是学习了一位数除两位数的口算方法，被除数十位和个位上的数都是刚好能被除数整除的，而这道题目中84的十位上的8除以7还余1，对于这个“小尾巴”，学生不知道该怎么办。“还没学过，那怎么办？”我向孩子们征询意见。有一部分学生却又开始嚷嚷：“我们会做，是不是……”学生迫不及待地开始交流各自的想法了。

生1：可以把84分成70和14，70÷7=10、14÷7=2、10+2=12，所以84÷7=12。

生2：$7\times10=70$，$7\times11=77$，$77+7$就等于84了，所以$12\times7=84$，所以$84\div7=12$。

生3：$7\times10=70$，$84-70=14$，$14\div7=2$，$10+2=12$，所以$84\div7=12$。

生4：我觉得与前面没什么不一样的，用竖式接着除下去就行了，同样商也是12。

很多学生不由得点点头。学生展现在我眼前的这些不同的思路令我惊讶，他们是那样的聪慧，一句“我没觉得与前面学的有什么不一样，好像是学过的”同样令我惊讶，当我们成人因怕学生学习有困难而将知识分割成细小的知识点时，学生的理解能力却远远超出我们的想象，这就是今天的学生！

过去的教材在知识点上的安排往往是很细的，比如，学习百以内的加法要分成好几个小部分：整十数加整十数的、一位数加整十数的不进位的、一位数加整十数的进位的，还有两位数加两位数的进位的和不进位的，等等。乘除法的学习也是如此。这种编排体系的一个最大的好处就是，学生可以非常扎实地学习每一种情况下的计算题，但是在这些细小的知识点面前，在一切都是教师准备好的问题面前，学生往往也容易失去独立处理新问题时检索旧知识的能力，也很少出现“不同的观点”。所以，教师根据学习内容设计教学时，首先要考虑怎样把学生的学习置于一种挑战性的背景之下，让学生充分地表达、交流各自对问题的理解。在交流中、在教师的引导下，学生的学习将更加积极主动。

四、注重创造性地使用教材

知识的学习过程是一个接受的过程，更是一个创造的过程，每节课怎样让学生发现、探索、创造，是教师首先要考虑的核心问题。教师应该用学生的眼光来看教科书，精心选择学习材料，设计与学生共同学习的活动程序，让学生借助已有的知识和经验主动获取知识，探求解决问题的方法，如此，课堂教学才能显现出应有的活力。

长期以来，教师习惯于照着教材去教，不敢越“雷池”一步。在推进新课程的进程中，教师不仅要研究教材，更要研究自己的学生，了解他们的生活经验，熟悉他们已有的知识背景。

提倡做反思型的教师，提倡教师创造性地使用教材，也成为新一轮课程改革中的一个重要的声音。无论是在课程设置上还是在课程内容及教材编排方式上的更新，新课程都给教师提供了广阔的创造空间，给教师带来了教学观念、方式的巨大改变。

但是，有的教师把创造性地使用教材仅等同于“更换内容”或“活动形式的变化”，把更多的注意力放在调换教材内容或活动设计上，而忽略了自主开发、利用课程资源等其他因素，出现了对于创造性地使用教材的狭隘、片面的理解。应该说，实验教材就是课程标准理念的载体，也是课堂教学的依托，教材是教师上课的重要依据，但绝不是唯一的依据。

新课程倡导教师成为研究者，教材的编写也有意识地给教师留下了研究和拓展的空间。可以说，教师能根据自己的实际情况去创造性地使用教材，才能更好地体现新课程精神，实现教材所体现的课程目标。

我认为，创造性地使用教材可以在以下方面得到体现：当教材中呈现的问题情境与当地学生生活实际相差较远时，教师可以将其换成学生熟悉的事物；当教材提供的学习内容、数据信息等与本班学生实际状况有差距时，教师可以做适当调整；当教材安排的课时对本班学生来说过快或过慢时，教师可以结合本班实际情况调整自己的教学进度。当然，这些调整与变动是建立在对教材的研究与对学生的了解的基础上的。创造性地使用教材主要表现在对教材的灵活运用和对课程资源的综合、合理、有效利用上，这需要教师具有较强的课程意识，准确把握教材编写意图和教学目的，要避免形式化的倾向。创造性地使用教材是教学内容与教学方式综合优化的过程，是课程标准、教材内容与学生生活实际相联系的结晶，是教师智慧与学生创造力的有效融合。

例如，“10以内的加法表”教学，过去一般的方法是给出现成的加法表，让学生找规律，然后进一步练习10以内的加法，其教学的着眼点在于对计算技能的训练。现在的教材大都立足于引导学生自己整理、发现规律，在整理的过程中自主发现。教材一般只给学生提供整理的方法：“得数是10的算式有……”“得数是9的算式有……”但考虑到全国各地的情况不同，学生年龄较小，又是初次接触此类题目，教材仍给出了完整的加法表。

基于这样的背景，我把教学设计重心放在了培养学生梳理知识的能力上：让学生自主建构一个属于自己的加法表。我为学生提供了所有已学过的算式卡片，每组一套，还有一大张纸，让学生采用小组合作的学习方式，自主地把这些算式归类整理。显然，这样的教学设计有着相当大的教学“风险”，因为对学生能设计出什么样的表格，我没有把握。我的一个朴素的想法就是：学生的能力不是与生俱来的，更不是一蹴而就的，需要一个过程，越是核心的、长久的能力，越需要一个较长的过程。让学生自主整理加法表，可能带来的后果是不能当堂完成教学任务，但是我相信学生是能够自主学习的。我预想，假如真的一种方法也想不出来，教师此时再去教学生才具有真正的价值。

当让学生小组合作“为这些加法宝宝排排队”时，我要先让他们讨论按怎样的顺序排队，学生有些沉闷和不知所措，但经过两三分钟的思考，气氛开始活跃了，有的组是按共同商量好的顺序排队，有的组在排列的过程中不断尝试并发现规律，还有的学生是在一两位同学排列的过程中自己悟出规律后参与到小组活动中去的，这一过程全体学生都积极地参与，有的挑算式，有的抹胶水，有的贴卡片。在全班交流时，竟出现了五种不同的排队方法，小组代表对自制的加法表进行解释，其他同学做补充，由于排队方法各异，大家都很好奇，聚精会神地听各组的发言，个别排错队的算式也在交流中得以更正。整节课中，学生都很投入，他们用分类的思想建构了一张有规律的、各不相同的加法表，经历和体验了寻找加法规律的过程与方法，在小组的操作与交流中体现了分工合作的团队精神，在挑算式的过程中又自然地进行了口算练习；虽然有些组未能完成一个完整的加法表，但这样的学习过程和经历，给学生带来的影响是积极的。

当然，我并不期望也不过分地去追求每节课的完美，但我一定要在每节课上让学生感受到尊重和平等对话。从这个意义上讲，我们在备课的同时，就要设计留下一定的空间，也就是通常所说的“留白”，让学生在探索交流中、在不断地尝试和调整中去碰撞出智慧的火花。一个有专业追求的教师，会用一生的智慧和心血，去追求课堂中那些精彩的瞬间。

第九章　有效教学设计的策略和特性

一、有效教学设计的策略

教师要进入教学最佳设计状态，就必须具有以下四种思维活动：一是体验专家的思维活动，即钻研以书面语言为载体出现在教材上的例题、习题、教参内容等；二是呈现学生的思维活动，即教师根据对学生的了解程度，回想、联想、猜想学生参与教学活动的情境；三是激活自身的思维活动，即教师必须思考自己在课堂上应如何引导学生学习专家的思维活动，在学生与专家的思维活动之间架设沟通的桥梁；四是整合课程资源的思维活动。教材是最基本的课程资源，教师和学生是最重要的课程资源，教师还必须跳到自身之外，把专家、学生、自我的思维活动进行整合，从而创设具体实践情境，使师生共同创造和开发课程。在设计过程中，无论是确定教学目标、安排教学内容、构思教学程序，还是选择教学方法、创设问题情境，都要充分展开这四种思维活动，使将要进行的课堂教学具有清晰的透明度和宽阔的动态生成空间。这种追求可以具体落实在以下五种设计策略中。

（一）确定具体可行、三维整合的教学目标——指向策略

教学目标是教学之灵魂，也是教学活动的出发点与归宿，是评价教学活动的重要依据。它绝不是为了完成教案文本而去履行的“公事”，而是保障教学过程中的师生具有明确的共同指向的必不可少的设计。教师在确定一节课的教学目标时，既不能单纯地考虑认知性目标，也不能将发展性目标制定得面面俱到，失之笼统；既不能将三个维度的目标简单叠加，也不能将整体目标机械分割；而要在对教学内容和学生状态、对可能的期望发展进行分析的基础上有机地统整三维目标。例如，设计教学“2、3、4的乘法口诀”，教学目标若是简单定为“熟记2、3、4的乘法口诀，会用口诀求出相应的乘法算式的积”就显得过于注重知识技能目标，缺少对学生认识过程与方法的培

养，缺少对学生情感态度与价值观的思考。要做到三维目标的整合，在目标阐述上既要注意知识技能的理解与掌握，又要强调在学习与应用的过程中熟记口诀、培养能力，同时不应忽视在编口诀的过程中让学生体验学习情感。

基于上述考虑，可以试着将教学目标制定为三点。

（1）让学生在学习2、3、4的乘法口诀的过程中，进一步理解乘法的意义，掌握2、3、4乘法口诀，提高应用乘法解决实际问题的能力。

（2）让学生在应用2、3、4乘法口诀的过程中，熟记这些乘法口诀。

（3）在编乘法口诀的过程中，培养学生的学习能力，让学生积累学习情感，享受成功的喜悦。

上述目标指向，从知识体系上看已经打破了“就口诀教口诀”的单一被动模式，将其纳入整个“乘法系统”之中；从目标维度上看，已经将原来的单一目标变为了多元目标。但依据单元整体安排，结合学生实际细细推究，上述目标有些地方还不够具体，缺少可行性。例如，目标（1）中提到的“提高应用乘法解决实际问题的能力”，显然适合每节与乘法计算有关的课，而本课学生刚开始学习乘法口诀，应用口诀解决实际问题不是最主要的，可以不在目标中表述，如要表述可改为“在经历编、记、用口诀的过程中初步培养学生解决问题的能力”。目标（3）过于“冠冕堂皇”，缺乏针对性，很难检测，不妨改为“体会用一句口诀计算两道乘法算式，感受学习乘法口诀的好处”。通过这样一次调整，这节课的三维目标既有机融合，又具体可行。由此看出，我们在确定目标时一定要处理好基础与发展、创新的关系，使知识学习和个体经验产生意义联系，彰显出数学教学的生态性和人文性。

（二）安排合理精当、质量适中的教学内容——组合策略

教学内容是落实教学目标、实现教学计划的重要载体。它对学生来说是外在的、不确定的，需要教师通过教学方法对它进行科学加工后，才能更好地为学生所接受和掌握，进而促进学生的发展。安排教材内容既是安排教学内容的基本线索，也是为教学内容提供重要资源。但由于教材内容是一个个静止的“知识端点”，与学生接受、生成新知识的动态过程不可能完全吻合，教材所呈现的内容顺序也未必是教学的顺序。因此，教师对教材不能简单地执行与传递，而要进行二度开发和创新，为学生提供现实的、有意义的、富有结构性和生成性特点的学习内容，并通过利于课堂教学表达的逻辑顺序，安排出合理精当、质量适中的教学内容。例如，教学“比的意义”，考虑到这一节内容过于充实与庞杂，如果简单地按照教材的编排完成相关的教学内容，显然需要压缩、挤掉学生的时间和空间，这种没有生成性的教学活动不可能很好地促进学生的发展。因此，在安排教学内容时我将教材中的“比与除法、分数的关系”“求比值的方法”等内容后移到第二节去完成，腾出时间来创设不同背景下的问题情境，在探索解决问题的过程中较好地达成教学目标。这种变“教教材”为“用教材教”的行为，并不意味着教师可以随意地改变教材的编排意图，而是需要教师更深入地研究教材所包含的知识、方法和情感价值，创造性地使用教材。

安排教学内容，除了思考如何处理教材内容，还要思考如何引入生活内容，创设教学情境，激发学生的学习兴趣；思考如何选择学生日常生活中熟悉的或关心的题材，让学生拓展应用。

例如，在“比的意义”的教学设计中，为了让这一内容的教学能从学生的生活经验和已有的知识背景出发，让学生联系生活学数学，把生活经验数学化，数学问题生活化，让学生在知识的引入、问题的形成与解决中逐步建构新知，我在起始阶段设计了一个“相片选美活动”，其步骤如下。

师：今天，老师给大家带来了四张不同形状的长方形相片，请同学们欣赏。（点击多媒体，出示相片，如图9-1所示）

（1）（2）（3）（4）

图9-1　长方形相片

师：请同学们选出自己认为比较美的两张相片，将编号写下来。

教师将投票结果记录在黑板上：

（1）1票；（2）33票；（3）36票；（4）6票。

师：为什么这么多的同学喜欢（2）和（3）两张相片呢？谁来说一说？

由此问题引发学生兴趣盎然地讨论，让学生在讨论中初步感知比的意义。

（三）构思清晰畅通、逻辑适用的教学程序——有序策略

教学程序是指在一定的教学时空里能为学生所接受的、能达到一定教学目标的教学操作过程顺序。就像我们平常做某项工作一样，有先有后、有详有略、有重有轻、有动有静。在构思程序时，不仅要把注意力集中在有序地组织教学内容上，还应根据教学动态特点，巧妙地设计学生思维程序，使教学过程不仅能展示知识体系固有的逻辑结构、学生认识体系的心理结构，而且能显示教学的有序性和互动的有效性，增强教学过程动态生成式展开的内在逻辑性。

例如，“圆的周长和面积”一章概念多、公式多、计算繁，要上好这节复习课，需要精心构思教学程序。我在设计时，首先，让学生通过画圆回忆圆的各部分名称、同一圆里直径与半径的关系、什么是圆的周长和面积等；其次，梳理——“已知一个圆的半径，如何求它的直径、周长和面积”，同时揭示公式$d=2r$，$C=2\pi r$，$S=\pi r^2$，用同样方法揭示出其余六个公式；再次，记忆与沟通，设计几组讨论题，让学生内化所学知识；最后，练习与应用，利用公式计算、求阴影部分面积。构思教学程序要自觉运用系统原理，合理确定教学系统的结构因素，调整各因素的数量与比例，努力体现“引、探、练”三位一体，达到“趣、实、活”的效果。

数学新课程理念将“问题情境—建立模型—解释与应用”这一结构框架作为基本教学模式。这种教学模式特别关注教学内容的背景化和呈现上的情境化，重视知识的形成与发展应用过程，强调学生在学习过程中的体验与感受等。这种模式使教学过程能围绕三维目标富有逻辑地展开，是构思清晰畅通、逻辑适用的教学程序的重要依据。

我在设计“比的意义”的教学程序时就遵循了这一模式：通过对生活情境中相片的观察、比较，学生对比较数量间的倍数关系积累了丰富的感性材料，从而初步感知比的意义。再通过题组训练，引发问题讨论，让学生在认知矛盾的对立中走向统一，既让学生明白比的外延范围，又对比的内涵有深入的体验和感受，进而全面、系统地建构起新知识的模型。最后，通过解释应用，帮助学生拓展、延伸对比的认识，深化理解比的意义，学以致用、学用结合，培养学生的应用意识，发展和提升学生的思维层次。

当然，这里的“有序”并非指单一化的教学流程和线性化的教学路径，它强调的是在设计时要有序地抓住教学过程中各因素间的内在联系，构建一

个个相对完整的课堂教学过程的展开逻辑环，有力地保障实际教学过程的有效互动和动态创造，促进课内与课外知识的积累与应用、新知识的形成与建构。

（四）选择灵活多样、综合适当的教学方法——优选策略

在教学目标、教学内容和教学过程确定之后，教学方法就成了关键。因为先进、有效而又多样化的教学方法能使教学内容与教学过程由预设和封闭走向生成和开放，能创造性地引导学生的思维朝多向发散，完成对课程知识有意义、有价值的深度构建。正如巴班斯基所指出的那样："选择对某节课最有效的教学方法，是教学过程最优化的核心问题之一。"那么，怎样来优选一节课的教学方法呢？数学课程标准指出：有效的数学学习活动不能单纯地依赖模仿和记忆，动手实践、自主探究和合作交流是学生学习数学的重要方式。因此，选择有利于改变单一的、枯燥的，以被动听讲和练习为主的学习方式，让学生在动手实践、自主探究、合作交流中去思考、去质疑、去辨析、去释疑的教学方法成了新课程背景下课堂教学实践的重要方面。如果一位教师总是采用讲授法教学，而不是提供给学生自主探究的时间和空间，忽视学生之间的交往与信息交流，那么，学生学习时就会偏重于机械记忆，只会浅层理解和简单应用，这显然不利于对学生创新精神和实践能力的培养。要想充分发挥每一种教学方法在教学过程中的实际效能，达到优化教学过程的目的，首先要关注不同的课型和不同的教学内容。例如，在起初的概念教学中，我们为了让学生掌握概念的本质属性，明确概念的内涵和外延，会特别重视概念的形成过程，提供充分的材料让学生观察与演示、操作与实验，让学生建立表象，引导概括出相应的概念。因此，在教法选用上主要是使用直观演示法、实验法和讲解法等。而后继的计算教学，则更多的是为了让学生巩固计算法则与算理的概念，掌握计算的技能。因此，在教法的选用上会考虑尝试法、自学法和练习法等。一节课中，也会因为教学内容的不同和呈现的先后顺序而选择不同的教学方法。

例如，我在教学"用字母表示数"时，利用编儿歌《数青蛙》让学生体会用字母表示变化的未知数，让学生的思维经历从具体到抽象的过程，这一教学环节主要采用了引导—发现法。而在教学含有字母的式子的简写规则时，则采用了自学法。

我个人认为，现在的教学要特别注意处理好发现学习与有意义的接受学习之间的关系。是否采用发现学习方式，关键看创设的问题情境有没有发现的价值，凡事要有度，厚此薄彼是不对的，要尽量扬其所长，避其所短。

（五）创设开放互动、促进思维的问题情境——推进策略

新课程特别强调问题在学习活动中的重要性。一方面，通过问题来推进学生的思维过程；另一方面，通过学生多种形式的交流互动再生成问题。教学过程能否有效推进，师生能否有效互动，都取决于这两个方面的问题的设计质量。所以，精心创设问题情境又是教学设计中的重要一环。例如，在“用字母表示数”的教学设计中，我通过师生间年龄问题的操作，让学生来理解“a+26”这个式子的意义，这时我送给学生一首儿歌：一只青蛙一张嘴，两只眼睛四条腿；两只青蛙两张嘴，四只眼睛八条腿；三只青蛙三张嘴，六只眼睛十二条腿……为了引导学生从儿歌中发现数学规律，推进学生的思维进程，我设计了以下3个问题。

（1）请同学们用10只青蛙来编一首儿歌。

（2）你们发现儿歌中有怎样的规律？

（3）请你们运用刚才学到的本领，想个办法把这首儿歌编完。

在后来的实际教学中，我通过上述3个问题予以引导，学生自己发现了规律，并运用学过的知识，创造出了七种儿歌编法。这样的问题情境不仅引起了学生积极的探究欲望，而且成了整个教学过程推进和发展的重要动力。当学生说出七种不同儿歌编法后，我又根据互动信息再生成了3个问题。

（1）选择：你们觉得哪些编法既简洁又合理？你们更喜欢哪一种？

（2）归类：与这种创编法接近的还有哪几种？

（3）质疑：对其他几种编法有什么意见？

这样的问题，既强化了“有效信息”，又利用了“错误信息”，进而开发了学生的原始资源，实现了教学过程中的资源生成，从而形成新的又具有连续性的兴奋点和教学步骤，使教学过程呈现出动态生成的创生性质。当然，课堂教学是千变万化、变动不居的，教师在实际教学中还要注意运用教育机智，根据即时情境，有针对性地发问，绝不能生硬照搬预设的问题。

二、有效教学设计的特征

以上五种教学设计策略只是大致勾勒了教师在教学设计过程中的思维轨迹，而每个教师实际的设计策略还有待自己去创造。新课程赋予教师参与课程开发的权利，每个教师都应该具有课程意识，从追寻有意义、有价值的生活方式的高度进行教学设计，使每一节课都充满活力和灵性，放射出独特的生命之光。

有效的教学设计是为了使教学更加有效，不论怎样设计，最终目的是更加有助于学生的主动发展。有效的教学设计不应纠缠于细枝末节，而应该宏观地看待教材，联系前后地分析教材，深入浅出地钻研教材。在尊重教材的基础上超越，在吸纳教材的基础上扬弃。教学设计的过程，是把教材转变成学材的过程。教科书上，定义、概念、公式等内容一般是以简短结论的形式出现的，这需要教师把教材变成学生自己可以进行探究的学材，使学生能够逐步自主发展。教师的价值与智慧也主要体现在这一转变的过程中。

有效的教学设计应该具备以下十个特性。

（一）科学性

数学教学设计是一项严谨求实的工作，不能有违科学性的原则，这一点也是教学设计的底线。例如，在教学“认识几分之几”时，一位教师为了让学生感知$\frac{1}{2}>\frac{1}{4}$，就让两位学生分别把两张同样大小的纸的$\frac{1}{2}$与$\frac{1}{4}$涂满，看谁涂得快，结果出现了涂$\frac{1}{2}$比涂$\frac{1}{4}$还快的现象。学生涂的快慢受很多因素的影响，如此设计本身就是不科学的。

（二）目的性

在教学设计中，教师应时刻问一问自己：设计这个环节的目的是什么？如果不要行不行？有没有更有效的活动方式？修改预案的过程就是课前反思的过程。当教学设计中的每一个环节都能明确地指向教学目标，它所形成的教育现实无疑是高效的。

（三）可行性

教学设计的可行性具体体现在以下三个方面。

（1）没有放之四海而皆准的教学设计，教师在教学设计时需要从本校、本班的实际出发，科学地处理教材，灵活地驾驭教材，创造性地使用教材，尤其是要充分了解学生在课前学习已经“走”到了哪里，这样才会使教学设计与学生的最近发展区相吻合，使学生的发展更加高效。

（2）有效的教学设计应该有利于转化成为教学现实，再精美的教学预案也仅仅是一幅蓝图，只有把它转变成教育现实才是有意义的。有效的教学设计应当非常有利于转变成教育现实，我们不能仅仅止于纸上谈兵。例如，有些教学设计需要教师与学生课前准备的材料太多，对于教学硬件的要求非常高，这是师生的精力所不允许的，在现实条件下是不容易做到的，也是很难转变成教学现实的。

（3）有效的教学设计要着眼于常态化的教学。公开课在展示、传播某种教育教学理念方面有不可替代的作用，我们对于一些有欣赏价值的教学内容的设计研究相对来说较为充分，但是提高教育教学质量，促进学生发展不是靠那几节公开课，而是要靠平时持续的常态化课堂教学。因此我们应当多去探究常态化的课堂教学设计，调动自己的教育智慧，使这些教学设计能够服务于常态化的课堂教学，使教学设计更加具有针对性与实效性。

（四）思想性

思想性是指通过数学学习形成做事情一丝不苟、精益求精的习惯，不解决问题誓不罢休的决心，遇到挫折永不言败的信心。数学学习的过程其实也是人的习惯养成、意志磨炼的过程，这也是数学学习赋予人生的意义。但是，在数学教学中进行思想性教育的力度不能采用“贴标签”的方式来解决。

案例9-1：

一位教师在教学一年级课程标准实验教材中“8的分合”时，提出了这样一个问题：如果你有8个苹果，在母亲节的时候，你准备怎样分这8个苹果呢？

生：母亲节到了，我准备把这8个苹果给妈妈4个，我留4个。

“你为什么这样分呢？”教师问。

生1：我4个苹果，妈妈4个，一样多，这样谁也不吃亏。

教师未做任何评价。

生2：母亲节到了，我给妈妈5个苹果，我留3个。

教师微笑地问：“你为什么这样分呢？”

生2：妈妈这么辛苦，母亲节应该多给她一些。

“你真是一个孝敬父母的好孩子！”教师热情地表扬了他。其他学生纷纷举手回答，要把8个苹果分成6个和2个，分成7个和1个等，都说母亲节应该多给妈妈一些，教师一一赞扬了他们。

这时，一个学生举手回答：“我把8个苹果分成8个和0个，8个苹果全都给妈妈吃。”

这位教师满面微笑地问：“你为什么这样分呢？”

生：我一点儿都不喜欢吃苹果，所以我都给妈妈吃。

教师脸上的微笑霎时凝固起来，吃惊地说：“不喜欢吃的东西才送给妈妈，你的思想有问题呀！”

案例9–2：

一位教师为导入比例尺，先激情提问：“生活在这个地球上，你有什么感受呢？”

生1：我们应珍惜这个地球上的一草一木。

生2：地球太神秘了。

生3：地球很辽阔。

生4：这个地球太伟大了。

……

教师又问：“地球的体积非常庞大，而地图却只有这一页纸这么大，你对制作地图的人们有什么要说的吗？”

生1：你们的办法真多！

生2：你们太了不起了！

教师看到学生迟迟说不到“点子”上去，进一步问：“你们对制作地图的人有什么问题要提吗？”

生1：地球上面蓝色代表的海洋，它比陆地大多少呢？

生2：地图上那种红色的线表示什么意思？

学生的问题显然与本节课新授的内容“比例尺”格格不入。接着，又站起来几个学生，大都问与比例尺无关的问题。学生迟迟说不出教师期望的问题，教师有些着急：“谁还有不同的疑问呢？”一个学生问道：“地球这么大，是怎样画到纸上去的呢？”

教师好像抓住了一棵救命稻草：“你提的问题真好！大家知道是怎样画上去的吗？这就是这节课我们要探究的内容。”

案例9–1中的学生把自己不喜欢吃的苹果给妈妈，就是思想有问题吗？我们更应该看到这个孩子身上有着诚实的品质。案例9–2中教师最初的意图是使学生感受到人们发明地图的伟大创举，激起其探究的欲望。但为了这所谓的思想教育，却使得师生一起走了这么多弯路，值得吗？我想不如从学生熟悉的事物出发创设问题情境，直截了当地揭示问题。我是这样教学的：先出示一张山东省地图，问："大家都去过济南吗？你知道我们这里距离济南有多远吗？"学生众说纷纭，最后统一为大约200千米。"那么在地图上，这两地是多长的距离呢？"几个学生在地图上测量，得到的结果为15厘米。"你知道这是怎样画上去的吗？"学生根据已有经验和猜测，很自然地想到是把两地间的距离缩小到一定程度后画到纸上去的。"这缩小的程度就是图上距离和实际距离的比。这个比叫作这幅地图的比例尺，今天我们就来学习比例尺。"在学生自己抽象出比例尺的定义后，我提出从金乡到济南有多远等一些问题，鲜活的现实情境激起了学生的思考热情，学生一个个动手测量、积极思考，沉浸在愉悦的探究中。

教学永远具有教育性，但是数学教学中的思想教育具有内隐性，是一个不可以物化的东西，不能在教学环节中简单地"嵌入"。一些教师在课上为了让听课者看到他对学生的思想品德进行了有意识的培养，对某种精神进行了有意识的渗透，便采用了简单的"贴标签"的教学方式，如上面两个案例那样牵强附会所谓的"精神"，或把蕴含的思想硬"拎"出来展示，这样做的目的虽然很"明显"，却打击了学生说真话的勇气，给学生留下"做戏"的印象，无形中助长了说大话、说空话的风气。思想与精神是师生的情感在课堂自然状态下的真情流露，是师生心与心的碰撞、精神与精神的汇合。德育与数学教学，是水乳交融的关系，思想与精神要融会在整个教学过程中，也只有做到了这一点，思想与精神才能真正走进学生心里，最终积淀成良好的品质。例如，在学习了"百分数的意义"后，我让孩子们读一读自己收集的反映地方近年经济发展并含有百分数的相关信息，提问："读了这些数据，你想说些什么呢？"孩子们在收集整理数据，练习读百分数，谈想法的过程中，亲身体会到百分数的用处之大，真切地看到了家乡的变化。这样融思想教育于教学过程中，润物细无声，使孩子们在耳濡目染中自然而然地加深了对家乡的热爱。

（五）弹性

有效的教学设计的关键处应当是一种多维互动的并联结构，通俗地说，就是如果学生出现了情况一，教师就采用措施A，如果学生出现了情况二，教师就采用措施B，如果学生出现了情况三，教师就采用措施C，这样教师能针对课堂中出现的具体情况选择最有效的预案，就不会因学生的"节外生枝"

而手忙脚乱，使精彩成为“预约”。弹性的教学设计会使教学操作起来更加灵动，更加有利于维持学生的注意力，使教师在课堂驾驭方面处于主动地位，从而更好地发挥教师的主导作用。

（六）简洁性

有效的教学设计应当是简洁的，具体地说就是要符合以下三点。

1. 步骤要少，不要太多

案例9–3：

一位教师在教“百分数的意义”时，介绍了百分号的写法后，让学生写10个百分号，学生没有写完，他就让学生暂停，然后组织学生用百分数说一说自己完成了多少。

生：我完成了70%。

师：谁知道他写了多少个呢？

生：他写了7个。

师：通过这句话还可以知道些什么呢？

生：他还有3个没有写。

师：谁还能用不同的说法说一下自己完成的情况呢？

生：我还有20%没有完成。

生：我完成了100%。

生：我再写10%就可以完成了。

……

案例9–3中，学生既练习了百分号的书写，又用百分数说了自己的完成情况，进一步加深了对百分数的理解。教师通过非常简洁的步骤，达到了多重的教学目标，高效地完成了教学任务。

2. 情境要简，不要太繁

教学情境不宜过繁，要尽可能使情节明快集中，便于学生集中精力与时间对问题做深入、有效的研究讨论，用最简单的情节牵动学生最深沉的思考。有的教师在教学设计中处处都创设一个情境，并且情境过于庞杂，使学生纠缠于冗杂具体的情境细节，浪费了课堂上宝贵的时间，影响了课堂教学效率的提高。生活中的数学较零散、肤浅、不严密、不成体系，因此我们从生活情境引入数学时应进行必要的“剪裁拼补”，进行适当的提炼，使之恰到好处，这样才能更有利于学生在课堂中高效地学习数学，从而用数学更好地服务于生活。必要的话，我们可以采用“情境串”的设计方法，也就是创设一系列相关联的情境，将整节课连接起来。

案例9-4：

一位教师在进行“工程解决问题”教学时，创设了这样一个情境。录音创设情境：

客户：周厂长，我有60米的布，全部用来做上衣可做20件，全部用来做裤子，可以做30件，如果用来做套装，可做多少套？

服装加工厂厂长：这个问题很好解决，不过还是留给同学们来解决吧。

学生纷纷举手回答问题：60÷（60÷20+60÷30）。

接下来，教师组织学生又听一遍录音。

客户：周厂长，我有一批布，全部用来做上衣可做20件，全部用来做裤子，可做30件，如果用来做套装，可做多少套？

服装加工厂厂长：王老板，这批布是多少米呢？

客户：这个我也不是很清楚，不过完全可以求出来能做多少套。服装加工厂厂长：这个问题把我难住了，谁能帮我解答一下呢？

教师给学生较充分的思考时间，老师相机提问：“这个现实问题的数量关系是怎样的？”

学生思考得出：上衣用布+裤子用布=这批布。

根据这个数量关系，你能列方程来解答吗？

学生尝试解答，小组内交流，然后展示解答过程，及自己的思考过程。

3. 环节要缓，不要太急

根据小学生的年龄特点，在课内不宜进行一些节奏太快、环节太多的设计，这样会使学生产生紧迫与焦虑感，影响学习质量的提高。

案例9-5：

一位教师在上“长方体的认识”这一节课时，先让学生从袋中摸出长方体，然后给学生提供大量的操作材料，让学生用插、削、贴的方法做长方体。在学生操作时组织学生总结有什么发现，学生分小组用不同的方法拼装出这些长方体，然后汇报自己的发现。教师帮助整理，辅以一些有针对性的练习，从而使学生形成了对长方体特征全面深刻的认识，整节课的环节缓而有序，学生乐在其中。

（七）节奏性

有效的教学设计还要有一定的节奏性，符合学生的注意力起伏规律，使学生能在最佳时间内探究未知、突破难点。

（八）延伸性

在设计中要给予学生发现问题与提出问题的机会与时空，使提出问题成为课堂教学的一种常规，并且使学生每天能带着问题离开课堂，在脑中始终激荡着问题。

（九）情境性

在情境中学习数学、理解数学，使数学学习更加有目的性、更加有趣味性。这里的情境主要是指充满生活味与数学味的问题情境，但情节不宜太繁、太滥，不能在强调生活味的同时丧失了数学味。

1. 创设具有现实性的情境

具有现实性的问题能够引发学生的探究兴趣，强化其动机意识，促使学生自主学习，并且能使学生更好地理解他们要做的是什么事情，有助于学生调动已有的生活经验去解决问题，从而有利于问题的解决。例如，在教学“147+98”简便计算时，可以创设这样一个现实情境：小明的爸爸原有147元钱，这个月的奖金是98元钱，但是会计没有零钱，该怎么办呢？这个现实问题极大地激起了学生的探究欲望，学生模仿会计先给小明的爸爸100元钱，接着小明的爸爸找给会计2元钱，通过模仿与思考，学生们更好地理解了把接近整十整百的数看成整十整百数，多加了要减去的简便计算方法。

2. 创设具有思考性的情境

创设问题情境的核心是激活学生的思维，引导学生进行创造性的思考。问题情境是否具有思考性要看其呈现方式、开放程度，另外还要看这个问题情境对学生而言是初次遇到，还是接触多次。一般来说，初次遇到、条件设计较隐蔽、呈现方式文字化、解决步骤较多、开放程序较大的问题情境较有思考性。没有思考性的问题情境会使学生轻而易举地就获得结果，产生思维懈怠。

案例9-6：

在教学“统计图”时，教师用表格的形式给学生呈现出某市9月份天气情况的一组数据，然后提出问题：看了这张表，你知道了些什么？

生1：我知道了这个市9月份有18天是晴天，5天是多云，4天是阴天，3天是下雨天。

生2：我知道了这个市9月份晴天比下雨天多15天。

生3：我知道了这个市9月份共有27天不下雨。

……

教师提出这个问题比提出一个个具体的问题要有思考性。另外，还可以让学生以小组为单位根据表格内容互相提问，让学生质疑互动、合作探索，点燃创新的火花。

3. 创设具有挑战性的情境

数学课程标准明确提出：学生的数学学习内容应当是现实的、有意义的、富有挑战性的，这些内容要有利于学生主动地进行观察、实验、猜想、验证、推理与交流等数学活动。德国数学家希尔伯特说："一个数学问题应该是困难的，但却不应是完全不可解决而致使我们白费力气。在通向那隐藏的真理的曲折道路上，它应该是指引我们前进的一盏明灯，并最终以成功的喜悦作为对我们的报偿。"他的这段话与数学课程标准中的相关陈述辩证地指出了创设问题情境、一方面要具有挑战性，另一方面要使学生经过努力能达到胜利的彼岸、品尝成功的喜悦。这两个方面是创设问题情境应遵循的基本原则。

例如，教学"分数化成小数"，书上只介绍用分子除以分母的一般方法，而对于分母是20、25、125的特殊分数还有更加简便的方法。出示$\frac{1}{20}$、$\frac{1}{25}$、$\frac{1}{125}$，问学生：你们能找出把这三个分数化成小数的方法吗？这个颇具挑战性的问题情境使学生全身心地投入思考中，最后得出利用分数的基本性质把这类分数的分母变成整十整百数，从而可以直接化为小数，使学生们体验到在寻找解决方法的过程中的思维快乐。

4. 创设具有趣味性的情境

一般来说，小学低年级的学生比较关注有趣好玩的事物，而中高年级的学生则开始对与现实生活密切相关的、有挑战性的问题情境更感兴趣，当然如果创设的问题情境能同时具备这些特点就再好不过了。我们在设计问题情境时，应尽量与学生的上述心理特点相适应。

案例9-7：

在教低年级学生解决问题时，一位老师就利用多媒体创设了这样一个问题情境：清清的池塘里有6只小鸭在快乐地游着，池塘边有4只小鸭悠闲地在那里休息。请问你可以提出哪些问题？

优美的画面，可爱的小鸭子激起了小学生的兴趣，大家纷纷提出以下问题：

生1：池塘里的小鸭子与池塘边的小鸭子一共有多少只？

生2：池塘里的小鸭子比池塘边的小鸭子多多少只？

生3：池塘边的小鸭子比池塘里的小鸭子少多少只？

……

接着，教师又创设了一个有趣的情境：池塘里的小鸭子与池塘边的小鸭子还可能是多少只？

学生们非常感兴趣，纷纷得出：

池塘里有1只，池塘边有9只。

池塘里有2只，池塘边有8只。

池塘里有3只，池塘边有7只。

……

有效创设问题情境是激发学生积极学习的重要手段，也是用数学的理性美去吸引学生的有效途径，在课堂教学中如果能使创设的问题情境具有现实性、挑战性、思考性、趣味性，就一定能使学生感受到数学的无穷魅力，引发强烈的学习动力，逐步使学生形成问题意识，提高学习效率与质量。

（十）个性

教师的性格不同、知识智力背景不同，其教学风格自然也不相同，因此，教学设计必然具有一定的个性特点。这是一个多元的世界，我们既反对不顾教育规律天马行空的教学设计，也反对没有个性、没有独立思想的教学设计。没有教师教学的个性飞扬，我想也就不会有学生充满生命力的个性思考。

第十章 如何备好一节数学课

古人云：兵马未动，粮草先行。备课的重要性，不言而喻。备课，是教师重要的基本功，也是教师的职责和应遵守的规则。如何备好一节课，对每一位教师而言，永远是一个古老而年轻的话题。作为一名教师，不能不知道如何备课，不能不研究备课的艺术。在新课程的背景下，到底如何备好一节课？什么才是备课的最高境界？怎样才能达到备课的最高境界？传统教学法里有不少关于“如何备课”的经典之说，在现在乃至将来，仍值得我们进一步认识、理解与遵循。例如：明确教学目的、任务，把握相关内容的重点、难点；安排课堂形式、内容、结构；等等。在此，我想结合自己的工作实践，从另一个角度就“如何备好数学课”谈点粗浅的体会。

一、两则报道的启示

我曾在《教师博览》上看到两则报道。报道一：一位年长的历史老师上了一节精彩绝妙的公开课。课后，年轻的崇拜者向他请教：“请问老先生准备这节课用了多长时间？”长者答：“我用了整整一生（写教案只用了15分钟）。”报道二：名师魏书生有一次应邀到外地讲学，上课前10分钟发现要讲的题目与事先准备的课题不一致，魏老师不慌不忙，利用学生进场的10分钟，快速熟悉教材，调整思路，最终讲了一节让1000多位听课教师拍手叫绝的好课。

启示：真正备好一节课，要穷尽一生的努力，“不备而备”乃备课的最高境界。对此，我深信不疑。这应该是所有热爱教师工作的人们追求的终极目标。

二、明确好课的标准

备课的直接目的是保证课堂教学的质量。而怎样的课堂教学才是成功的教学？“好课”的标准是什么？作为备课人，首先应该明确这个问题，否则，一切教学设计岂不是没了目标，没了方向？

对于新课程背景下“好课”的标准这一问题。众多专家虽然各有说法，但基本观点是一致的。到底怎样的课才能称得上一节好课的问题在国家教育政策层面上已得到基本解决。基础教育课程改革的纲领性文件《基础教育课程改革纲要（试行）》（以下简称《纲要》）对此已有明确的要求和规定，其中对课堂教学的要求是：“教师在教学过程中与学生积极互动、共同发展，要处理好传授知识与培养能力的关系，注重培养学生的独立性和自主性，引导学生质疑、调查、探究，在实践中学习，促进学生在教师的指导下主动地、富有个性地学习。教师应尊重学生的人格，关注个体差异，满足不同学生的学习需要，创设能引导学生主动参与的教育环境，激发学生的学习积极性，培养学生掌握和运用知识的态度和能力，使每个学生都得到充分的发展。”“大力推进信息技术在教学过程中的普遍应用，促进信息技术与学科课程的整合，逐步实现教学内容的呈现方式、学生的学习方式、教师的教学方式和师生互动方式的变革，充分发挥信息技术的优势，为学生的学习和发展提供丰富多彩的教育环境和有力的学习工具。”对课堂教学评价，《纲要》强调评价的发展性，即“建立促进学生全面发展的评价体系。评价不仅要关注学生的学业成绩，而且要发现和发展学生多方面的潜能，了解学生发展中的需求，帮助学生认识自我，建立自信。发挥评价的教育功能，促进学生在原有水平上的发展。”

《纲要》中的每一句话都具有丰厚的内涵，值得我们细细品味，认真落实。要想备好一节课，首先必须深刻理解《纲要》的精神实质。比如，课堂教学的第一个要求——“教师在教学过程中与学生积极互动、共同发展”，言下之意，教师就不能一言堂、满堂灌，否则如何实现互动、共同发展？要想做到这一点，备课时教师就必须考虑课的容量的适度、节奏的快慢等，要留足学生活动和思考的时间与空间。比如，“教师应尊重学生的人格关注个体差异、满足不同学生的学习需要”，也就是要求教师要创设宽松、民主的氛围，设计难易程度不同的问题、层次形式各异的练习等，所有这些，必须在备课时给予充分的考虑，否则在课堂上将无法顺利进行教学流程。比如，“创设能引导学生主动参与的教育环境、激发学生的学习积极性”。如何才能做到这一点？备课时必须从形式和内容两个方面给予考虑，内容上要充分关注学生已有的知识经验和生活经验，合理适度地确立教学的起点和进程，有效创设教学的情境；形式上必须关注学生的生理和心理特点，设计适合学生特点的、形式多变的教学活动，否则就无法调动学生主动参与的热情，也就无积极性可言。

再如，“大力推进信息技术在教学过程中的普遍应用，促进信息技术与学科课程的整合，逐步实现教学内容的呈现方式、学生的学习方式、教师的教学方式和师生互动方式的变革，充分发挥信息技术的优势、为学生的学习和发展提供丰富多彩的教育环境和有力的学习工具”，说的是信息技术与学科课程的整合，狭义上可认为是每节课中的CAI（计算机辅助教学）设计，广义上应该是类似于“英特尔未来教育”式的真正意义上的信息技术与学科课程的整合。例如，一位教师执教“美丽的轴对称图形”一课，事先制作了关于轴对称图形的精美的网站，内容包括各式各样具有轴对称特征的汉字、数字、图形和精美的图片及在线答题、相关网站链接等。在多媒体教室里、在教师的引导下、在鼠标的点击声中，学生们走进了神奇美妙的图形世界，网络为学生们打开了一扇扇智慧之窗。一节课下来，不仅让学生陶醉了，听课教师也陶醉了。试想，如果课前没有充分的准备，没有对信息技术与学科整合的深刻理解，哪来如此神奇的课堂?

再比如“评价不仅要关注学生的学业成绩，而且要发现和发展学生多方面的潜能，了解学生发展中的需求，帮助学生认识自我，建立自信”，这里谈的评价不仅包含终结性评价，也应包含过程性评价，而过程性评价自然应包含课堂教学进程中教师对学生各种表现作出的适时适度的评价。要想真正帮助学生认识自我，建立自信，发挥评价的教育功能，促进学生在原有水平上进一步发展，教师应做到：学生表现精彩，教师应该给予热情的赞扬；学生回答不理想，教师也应给予真诚的鼓励，让其体面地坐下。要做到这一切，教师必须在备课时认真设计评价语言，否则说出的话可能就会因为单调、干巴或生硬而起不到激励作用。

三、认真研读教材

研读教材是教师备课的核心环节。教材，顾名思义，就是教学材料。从狭义上来说，教材是指根据一定学科的任务，编选和组织具有一定范围和深度的知识、技能的体系，一般以教科书的形式来体现的教材是学生学习的重要资源，它不仅决定着课堂教学内容，而且提供了教学活动的基本线索和方法。

小学数学教材是数学课程标准的具体化，是依据数学课程标准编定的系统地阐述学科内容的教学用书。它是实现小学数学教育目标的重要工具，是这门学科进行教与学的主要材料，也是教师进行教学的主要依据。熟练地掌握教材的内容，熟悉小学各年级教材的体系，是教师顺利完成教学任务的基本条件。教师要善于使用教材。但有些教师面对教材，感到无所适从；有些教师恪守教材，不敢越雷池一步地照本宣科；有些教师脱离教材而随意另起炉灶。教材使用存在严重偏差！

教师备课，首先要认真分析、研读教材，在正确领会教材内容的基础上，根据学生的实际，设计课堂教学。因此，钻研教材是备好课、上好课的核心环节。

（一）厘清脉络，用好教材资源

1. 整体研读，抓住联系

数学是一门系统性强、逻辑严密的科学。各部分知识间的内在联系十分紧密。小学数学体系也是由彼此紧密联系的、有一定逻辑顺序的数学知识组成的。从整体上掌握教材，做到正确理解每一册、每一单元、每一节课教学内容在整个教材中的地位与作用，就是要仔细研究知识间的种种联系，把握住知识的贯通和延伸。这样，就可以在教学中利用各种联系，把知识贯穿起来，使它们条理清楚、层次分明，以便学生深刻理解数学知识，并能灵活运用，从而提高分析问题和解决问题的能力。

整体研读，主要是指钻研单元教材。一个单元的内容通常包括许多知识点，这些知识点是依据学生的认知心理来安排的，由简单到复杂、由此及彼，有层次、有先后，以便学生逐步认识、积累和掌握相应的知识内容。如果能了解一个单元的整体结构，把握知识发展的线索，从中厘清学生的学习过程，便可以依据单元内容的结构，引导学生以已有知识为基础，探索和认识新内容。单元内容的安排一般有三种形式。一是知识分解型的。例如，学习“长方体和正方体的认识”，就可以分解成长方体的认识、正方体的认识、表面积、体积、容积几个部分依次学习，使学生初步掌握长方体和正方体的有关知识。二是知识并列型的。例如，低年级的“表内乘除法”，按几的乘法口诀和相应的除法，把单元内容分成若干个部分，每个部分的学习过程基本相似，引导学生以类似的方法不断探索新知。又如，高年级的“正反比例应用题”，可以按意义、判断和应用三个部分分别编排。三是知识递进型的。例如，苏教版教材四年级上册“两、三位数除以两位数”，可以先学习除数是整十数的除法，掌握计算的基本过程和方法；再学习除数是两位数的除法的笔算试商和调商，掌握除数是两位数的除法计算。其中，除数是整十数的除法，先学习口算，用口算求商支持笔算学习，接着通过变化计算数据，由商是一位数类推到商是两位数，启发学生总结计算方法；除法笔算的试商和调商，先通过试商但不需调商的内容，学习试商的基本方法，再分别学习初商偏大、初商偏小的调商，从而掌握除数是两位数的除法笔算。

从整体上认真分析一个单元的教材，能使我们厘清教材内容的来龙去脉和纵横联系，正确地确定单元教材的重点和难点，有的放矢地进行教学。

2. 课时分析，突出重点

从数学发展史来看，人类对数学的认识存在着一个从量变到质变的过程。例如：在数概念的发展中，整数从十到百、千、万、亿都是量变，而拓展到分数、小数、有理数等则是质变。计算方法也是如此，加法由不进位到进位是量变，由加法到乘法、由乘法到乘方则是质变。又如，从用数字表示数发展到用字母表示数，从研究数的计算发展到研究运算定律，也都是质变。这些质变，在教材中就是重点。所以，数学知识中的飞跃、学生认识的转折，就是教材的重点。同时，教材的重点也是“双基”中最基本、最重要的部分。在分析教材时，必须明确教材重点，教学时必须突出重点，以保证学生正确理解。对于引导学生理解教学重点，可设计多种策略，做到重点之处细细描绘，其余部分一笔带过。

（二）化静为动，激活教材资源

就数学而言，有两个侧面：一个是形式层面的数学，即静态的知识；一个是发现层面的数学，即动态的思维。一般来说，呈现给学生学习的材料，往往都是高度概括和抽象化的静态知识，而隐藏在静态知识背后的知识产生和形成时艰难的探索历程、丰富的思维过程、精彩动人的故事等数学文化和数学背景，是很难一一列入教材的。教学时如果照本宣科，不利于引导学生产生问题，不利于促进学生的思考和探究，不利于学生主动建构知识。要改变这种状况，就要求教师激活教材资源，改变教材的呈现方式，把静止的画面变为动态的情境，把教材“冰冷的美丽”变为学生“火热的思考”，使之有利于激发学生的学习兴趣，有利于引导学生发现数学问题和主动建构知识。

1. 借助媒介，化静为动

这里的媒介既可以是实物，也可以是媒体。在教学“万以内数的认识”中的“怎么数更大的数？”和“关于数数，你们有什么新发现”这两部分内容时，为使学生对千以内的数能有全面的认识，我设想为学生提供几盆黄豆：有一粒一粒散装的，有十粒装一小包的，还有百粒装一大包的。“你们能数出这些黄豆的粒数吗？请你们以小组为单位，商量商量，准备选择哪一盆来数”。然后进行限时数数比赛。在这一过程中，学生获得了难得的体验。如果失败了，他们会体会到数1000这样大的数，用一百一百地数的方法要合适一些，这样就能很好地突出数较大的数要以群计数的数学思想方法。如果成功了，他们的感悟会更深刻，促使他们归纳出：千比百要大得多，数1000这样大的数，用一百一百地数的方法要合适一些；数十以内的数，要一个一个地数；数百以内的数，要一十一十地数；10个一是十，10个十是一百，10个一百是一千……这样不失时机地使学生认识了计数单位“千”，进而发现“十”“百”“千”等相邻单位之间的十进位关系。

2. 延时介入，化静为动

例如，苏教版教材一年级上册“10以内的加法和减法”一课，通过观察情境图中10个小朋友在踢足球的场面，列出“一题四式”：

6+4　　4+6　　10−4　　10−6

情境图中蕴含丰富的信息，要留给学生观察的时间，更要引导学生观察的角度。曾经有一位教师由于没有吃透教材，教学时过早地用手势暗示学生：左边……右边……，失去了让学生充分观察、思考、交流的机会。事实上，学生对这幅情境图非常感兴趣，完全能够从不同的切入点观察，生成丰富的教学资源：①左边有6人，右边有4人，一共有多少人？②穿蓝上衣的有6人，穿黄上衣的有4人，一共多少人？③穿紫鞋子的有4人，穿蓝鞋子的有6人，一共有多少人？……

（三）联系实际，活用教材资源

教育家叶圣陶说："教材只能作为教课的依据，要教得好，使学生受到实益，还要靠教师的善于运用。"因此，我们在备课时，必须根据学生和学校的实际"活"用教材。

1. 结合学生实际

学生是数学学习的主人，教师是数学学习的组织者、引导者与合作者，因此，教师必须了解学生已有知识发展水平和已有知识经验，对数学教材进行加工。选择具有现实意义、富有挑战性的学习内容，向学生充分提供从事数学活动的机会，帮助他们在自主探索和合作交流的过程中，理解和掌握数学基础知识与技能、数学思想与方法，获得广泛的数学活动经验。

2. 结合本校实际

由于各个学校教学设施的不同，学生学习条件的不同，学生所处的环境也不同，从而造成了学生认识的差异、接受事物能力的差异，因此在使用教材时不能搞一刀切，不能不顾实际情况，全部照搬教材，而要根据本地的教学条件及学生情况，充分利用当地的各种教学资源改造现有教材、合理地使用教材。

例如"方程的意义"一课，原教材用天平做实验，通过添加砝码使天平两端平衡引出方程的意义。但此实验操作实施却有较大难度：一是许多条件差的学校因天平数量少，不能做到让每个学生或每组学生都能亲自动手操作，只能让学生观看教师的演示，同时由于天平刻度数字小，后面的学生看不见，只能听教师讲解；二是实验操作时，天平很难平衡，虽然反复调试，有时仍有误差，浪费时间，学生在下面心系操作无心观察。鉴于此，我们提供了一组式子：①$a+10$；②$4x=240$；③$18\times3$；④$30+60=90$；⑤$100\div5=20$；⑥$46-7.2$；⑦$40x=100$；⑧$5x+8$。根据分类思想让学生分类，使学生在分类的探究活动中归纳出方程的意义及方程与等式的区别和联系。同时，分类活动的设计具有开放性，培养了学生的发散思维，提高了课堂的教学效率。

（四）合理重组，优化教材资源

教材虽是最主要、最重要的课程资源，但教师在充分使用教材的同时，也可针对教材中的某些局限性灵活地处理、大胆地改造，从而加大探索力度，提高思维难度，增加教学密度，提升教学效度，使教学资源更加优化，更好地为教学服务、为学生服务。

1. 课时内重组

例如，苏教版国标教材三年级上册“认识周长”一课，教材的编排顺序是：例题—试一试—想想做做。教材编排意图是：“例题”先出现一个儿童游泳池，游泳池的上口一圈边线用粗黑线表示，教材通过卡通人物说出“游泳池口黑色边线的长就是它的周长”。例题中又画了一双手在用绳子沿树叶的边围一圈、并把绳子拉直放到直尺上量长度，其中前一幅图突出一周，后一幅图突出周长是长度。再次让学生感知什么是树叶的周长，同时，还让他们看到可以“拉曲成直”，便于度量周长。“试一试”引导学生继续认识平面图形的周长。通过“下面每个图形的周长各是多少？”和“你是怎样算出来的？”这两个问题促使学生迁移认知，以对物体表面周长的认识来理解平面图形的周长。学生在说、量、算等活动中，理解平面图形一周所有边的长度的总和是图形的周长，这里面既有周长的概念，又有计算周长的基本方法，二者有机融合成一体。学生可以用细线沿图形的边围一圈，拉直了量一量的方法，也可以分别量出图形各条边的长，再相加的方法得到这个图形的周长。“想想做做”第1～3题是巩固周长概念的作用，其中第2题通过描出各个图形的边线，又一次让学生感受周长是围成平面图形一周的边的长度总和。第4、第5两题测量或计算图形的周长，第4题特意在各个平面图形中设计了长度相同的边，学生可以用不同的方法列式计算各图形的周长，为以后探索长方形和正方形的周长计算方法打下基础。第6题引导学生把对周长的认识应用于现实生活，是一道实践活动题。

研究发现，这样的编排并不符合学生的认知规律和生理发展特点、过高地估计了三年级学生的知识水平。原因主要有以下三点。①周长概念的出现突兀，直接给出，缺少认知的建构。不仅缺乏直观支持，概括也不全面。可通过指、摸几个具体实物的边线的长，揭示物体边线一周的长就是物体的周长，再通过描每个图形的边线，指出图形边线的长就是图形的周长。在此基础上，概括出物体一周的长或图形一周的长就是周长。②实际操作的难度过大。树叶虽然随处可见，俯拾即是，但由于质地柔软、边缘粗糙、不易平整且均有长柄，对小肌肉群尚未发育成熟的三年级学生而言，要测量它的周长谈何容易？③环节之间的衔接不够。例如“例题”与“试一试”，“例题”测量树叶的周长采用的是间接测量的方法，而“试一试”两个图形却是直线图形，都可以用直尺直接测量各边的长度，再求和。但我们发现受例题的负迁移影响，还有学生用细线围一圈，再测量，这不是方法上的脱节与误导吗？每一种工具都有它特定的使用对象，每一种方法都有它的适用范围。

因此，教师在教学中对本节课作了“变动”。具体调整顺序如下。

第一步：讲授周长的概念。由实物的边线（改编儿童游泳池和“想想做做”第1题）和图形的边线（“想想做做”第2题）概括得出。

第二步：教学周长的计算。先计算直线图形的周长（“想想做做”第4题和“试一试”），根据第4题的暗示，学生练习“试一试”时很自然地就想到用直尺测量的方法，而没有出现用细线围的情况，然后计算曲线图形的周长（例题中的测量树叶的周长，我们降低了操作难度，将其改为测量学生的透明胶一圈的长度，学生兴致盎然）。

第三步：进行实践应用。“想想做做”第6题（量腰围）。

至于第5题，因难度过大、课堂时间不支持讨论，调至“长方形的周长计算”一课后学习。

2. 单元内调整

例如，教学“小数乘法”一课，揭示因数和积的变化规律后，直接跳至“小数乘小数”的教学，而后让学生自己研究“小数乘整数”“整数乘小数”的算法。这样重组教材有以下优点。一方面，有效防止了原来教材先教学“小数乘整数”“整数乘小数”时给学生留下的“小数点对齐”的错觉，克服了小数加减法带来的负迁移。先教学“小数乘小数”正面强化了小数乘法的算理，因为在“小数乘小数”的计算中算理表现得更为清晰、突出和典型，然后由一般到特殊，“小数乘整数”“整数乘小数”计算就相对比较简单，完全可以让学生“顺水推舟”。另一方面，这样大跨步的整体性教学，节省了教学时间，提高了教学效益。

3. 单元间整合

分数乘除法应用题与百分数应用题，在意义上及算理上都是一致的，只是形式上不同。我们完全可以将它们合二为一，实现单元之间的内容整合。为此，我们在讲解分数乘除法应用题前做了两项工作：首先，在原教材小数与分数互化的基础上，增加了分数与百分数的互化，这就为分数、百分数形式上的互化做了准备；其次，在原教材求一个数是另一个数几分之几的基础上，增加了求多几分之几和少几分之几的题目，为百分数应用题做好铺垫。

这样，在教学分数乘除法应用题时，只要把原分数转化成百分数的形式就可以了。因为三者意义、法则、算理都是一样的，百分数应用题不需要再另起炉灶去讲了，仅此一项就可节约多个课时，而且沟通了知识的内在联系，减少了讲授的层次，也保证了教学效果。通过乘法应用题对比训练，促使学生去思索、去辨别，在什么情况下用乘法，在什么情况下用除法。练习中出现了一些乘除混淆的错误，通过分析讲解，学生在比较中进一步了解了分数乘法应用题与分数除法应用题的内在联系，加深理解了乘法与除法之间的互逆关系，掌握了解题思路。坚持分数、百分数同时讲，乘除对照讲，在教学中坚持题、图、意、式四位一体。这种教法，可以从本质上厘清乘除之间的区别和联系；从客观上可以督促学生善于辨别和思考。

（五）适度开发，创生教材资源

由于地域的差别、民族文化的差异、学生背景的不同，教材受篇幅的限制，不可能适合每一个学生。因此，在教材使用上，要求教师不仅要用好、用实，而且要用活、用新，要解放思想、大胆创新，显现思维的层次性、题材内容的时代性、活动过程的探究性、学习方式的多样性和学习空间的开放性。

一位教师在教学“百分数的应用”时，以敏锐的数学眼光，把申奥成功这个学生熟悉的素材作为数学教学的“活”教材，并且非常得当地处理了素材。开始，播放申奥成功时那段激动人心的录像。让学生再一次感受成功的喜悦，渲染了现场的学习气氛，提高了学生探索发现的兴趣。接着，教师没有纠缠于申奥成功的具体情节，而是迅速抽取了“申奥得票数”这个对数学教学有用的信息，以统计图的形式呈现给学生，迅速地把生活情境转化成了数学情境，引导学生通过比较，提出数学问题。然后，教师引导学生用百分数的知识来分析数据，师生共同提出本节课主要探究的问题：“北京的得票数比多伦多多百分之几？多伦多的得票数比北京少百分之几？”这样，将本来很枯燥的百分数应用题的题材生活化，使学习材料具有丰富的现实背景，增加了学生的信息量，提高了学生探索的积极性，使学生体会到生活中处处有数学，感受到数学的趣味和作用，体验了数学的魅力。

总之，在教学中，教师既要基于教材、钻研教材，根据教学实际情况、充分挖掘教材所蕴含的教育因素，有效、合理地使用教材，又不能拘泥于教材，过度受教材束缚，要充分发挥自身的主导作用，利用广泛的教学资源，活用教材、创生教材，实现教材的再创造与二次开发。只有认真研读教材、感悟教材、领会教材，才能把握教材，创造性地使用好教材。

四、创造性地使用教材

创造性地使用教材指的是教师在充分了解和把握课程标准、学科特点、教学目标以及教材编写意图的基础上，以教材为载体，灵活有效地组织教学，拓展课堂教学空间。创造性地使用教材是教学内容与教学方式综合优化的过程，是课程标准、教材内容与学生生活实际相联系的结晶，是教师智慧与学生创造力的有效融合。

本次课程改革，无论是在课程设置上还是在课程内容及教材编排方式的更新上，都给教师提供了广阔的创造空间。它带来教学观念、方式的一大改变，就是要求打破原有的教学观、教材观，创造性地使用教材。

创造性地使用教材是一名优秀教师应具备的基本素质。只有创造性地使用教材，才可能实现教学内容和教学方法与手段的完美统一；才能使教材的普遍性同本地区和本人教学实践的特殊性实现有机结合；才能最大限度地满足学生对学习内容、教学方法的需求，充分调动教学双方的积极性、提高教学效率。事实证明，即使在本次课改实施以前，很多有名的教师之所以成名，其突出的特点就是不拘泥于教材所限定的空间，能有效结合自己的实际，进行富有个性的创造。创造性地使用教材要求教师进一步树立课程意识，以新的课程观、学生观、教材观、课程资源观来重新审视、规划教学目标、教学内容和教学方法，以更开阔的思维来设计教学，而不仅仅局限于教材和一时的教学效果。教师在创造性地使用教材时应充分认识教学目的的重要性。每节课、每次活动都应有明确的教学目的，否则就容易形式化——为活动而活动，为体验而体验，为了创造性地使用教材而轻率、刻意地去更改教材内容。教学手段与教学目的和谐一致是创造性地使用教材的基本着眼点与归宿。

（一）创造性地使用教材的主要表现

1. 对教材的灵活运用

对教材的灵活运用指的是教师结合本地区、本校和本人的实际情况，特别是联系学生生活实际和学习实际对教材内容进行灵活处理，及时调整教学活动。比如，更换教学内容、调整教学进度、适当增减教学内容、重组教学单元、整合教学内容等。

2. 对课程资源的合理利用

对课程资源的合理利用首先表现为教师对教材配套练习、教具的自主开发。当教师的教学成为极富创造性和个性化的活动时，教材出版单位及市场所提供的教材配套练习、教具必然不能满足真实的课堂需求。因此，适合自己课堂教学的配套练习、教具的开发就成为教师教学活动中的重要一环。所以，创造性使用教材的一个重要表现还在于教师依据新课程的理念和自己的教学需要，因地制宜地开发、制作简单的教材配套练习、教具，尤其是有利于学生自主、合作、探究学习的练习和适宜学生交流感受、动手操作及在小组合作中使用的教具。其次，合理、有效地利用一切可利用的资源，最大限度地做到资源共享，是教师创造性地使用教材的基本保障。对教师来说，教师之间及教师与学生、家长之间的合作十分重要，教师要善于了解、发现学生及家长的情况、变化，即时挖掘与教学内容相关的教育教学资源，还可以请他们一起参与教学活动，使教学活动过程成为与学生生活实际密切相关的，由师生甚至是家长和社区人士共同创造、建构的过程。

创造性地使用教材的终极表现就是形成适合自己学校（班级）的、有特色的教学。一个富有创造性的教师，一定有其独特的教学风格。有效地利用自身及学校、班级的特点，形成适合自己班级的、有特色的教学应该是教师们永远的追求。

（二）创造性地使用教材的注意事项

（1）必须以课程标准为依据，在充分把握教材编写意图的基础上进行教学，不得随意改变教学目的，违背学科教学特点，这是创造性地使用教材的前提和基础。

（2）必须以有利于调动学生学习兴趣、有利于有效教学为出发点。

（3）必须是“实”与“活”的高度统一，不能流于形式做表面文章。

（4）应最大限度地避免主观行为，从实践中来，到实践中去。要充分尊重学生的客观实际，不能由教师主观臆想。

（5）必须量力而行，要充分结合自己的教学特点，不可急于求成。

创造性地使用教材的成功案例很多，这里不再赘述，我们可以得出这样的结论：任何一节成功的课，必定含有教师再创造的成分。我们不能一概而论地说一节课创造多就一定是一节好课，但如果没有一点创造，肯定不是一节精彩的课。所以，在备课时，教师必须紧密结合自身特点和学生实际，合理有效地对教材进行再创造。

五、精心做好预设

只有精心预设，才会有精彩的生成。精心预设，首先应该做好三件事：深入研究教材的预设，全面分析学习的起点，准确定位教学目标。

（一）深入研究教材的预设

深入研究教材的预设，主要指教师要领会教材编写的意图。编写者按一定的方式（形式、内容）呈现给学生的学习材料，是对学习的一种预设。张梅玲老师指出：教材的结构对学生来说，就是学习的知识结构；教材的知识结构会直接影响到每个学生的认知结构，而学生的认知结构又影响到其问题的解决及问题解决中策略的使用；教师的教学设计也可以被看作一种外在的知识结构。可见，教师对教学进行预设，首先要通过与教材和编写者的对话，将教材的预设（知识结构）外在化、具体化。因此，教师要尊重教材、钻研教材。但是，现实的情况却不容乐观，有的教师或者抄写教案、教参内容（不钻研教材），或者“改造性”地改变教材（不尊重教材）。

案例10-1：分一分与除法

师：4个橘子装一袋，12个橘子能够装几袋？（学生动手分）运用减法算式怎么表示？

生：12-4-4-4=0。

师：表示12里面有几个4?

生：12里面有3个4。

师：3个橘子装一袋，12个橘子能够装几袋？运用减法算式怎么表示？

生：12-3-3-3-3=0。表示12里面有4个3。

师：2个橘子装一袋。12个橘子能够装几袋？运用减法算式怎么表示？

生：12-2-2-2-2-2-2=0，表示12里面有6个2。

师：这么写很麻烦，有没有简便的列式方法？

这样对教材进行了改造，反映了这位教师没有领会教材的编写意图：对“平均分”——除法理解的核心问题，安排大量的“分一分”的活动，使学生经历对实物“平均分”的过程，抽象出符号“÷”，建立除法的概念。但是，上述的改造。不仅没有使学生经历“平均分”这个核心概念的建立过程，而且会导致学生将除法的意义理解为“相同减数连减的简便运算”，而不是“已知两个因数的积和其中一个因数，求另一个因数的运算”。其后果是：学生建立了一种错误的知识结构。

案例10-2：认识毫米

1. 找一找

师：同学们真厉害，还知道毫米，当不够1厘米时，为了测量得更精确，我们要用到比厘米还要小的长度单位——毫米（板书）。

师：老师知道1厘来有这么长（用手比画1厘米的长度）。1毫米哪里去了？1毫米可调皮了，和老师玩捉迷藏，1毫米比1厘米小，老师是近视眼，找不到了，怎么办呢？

师：你们能在尺子上把1毫米找出来吗？

（学生找出来后，请学生站在讲台上告诉其他同学）

师：为了让大家看得清楚，我把尺子放大了（课件显示尺子放大的过程）。像这样的一小格就是1毫米，看清楚了吗？

2. 数一数

师：尺子上一个大格是1厘米，一个小格就是1毫米，那厘米和毫米之间有什么关系呢？谁知道？（板书：10毫米=1厘米）

师：下面请全部学生齐读一次。

师：厘米用什么字母表示？那毫米呢？所以，我们可以说10mm= 1cm。

师：谢谢同学们帮老师找回了毫米，老师在这里也希望你们能好好保护自己的眼睛，这样就能将很小的物体看得更加清楚了，好吗？

3. 估一估

师：这是我们常用的尺子，谁来估计一下它的厚度是多少？

师：实际量一量，看看估计得对不对？对了，尺子的厚度就是1毫米。

师：用拇指和食指捏住尺子，将尺子慢慢地抽出，拇指和食指之间的缝隙的宽度大约是1毫米，再做一次，体验一下。

4. 说一说

师：除了尺子的厚度是1毫米，你还能说出厚度大约是1毫米的物体吗？

5. 量一量

（1）估计数学书有多厚，实际测量。（指导学生用毫米作为单位的测量方法）

（2）请打开书，铅笔是多长？请把它的长度写在旁边，然后完成填空。

学生对于毫米是没有经验的，必须通过充分感知建立表象。教师安排了找一找、数一数、估一估、说一说、量一量活动，通过学生的触觉、视觉等多种感官和想象、联想等，逐步丰富学生的表象。如果没有对教材的尊重和钻研，是不能预设多种活动形式，并联系学生生活实际的。

（二）全面分析学习的起点

全面分析学习的起点，就是对学习需求做重点研究。学习需求分析，重点是分析学生的起点能力，即学生对新知学习已经具备的有关知识、技能的基础及知识结构状态（能力水平），同时要进行学习态度的分析。张梅玲老师指出，教师不仅在备教材时要关注新知识和原有知识的关系，更要关注学生，即要了解学生原有的知识水平、原有经验，预设学习中可能碰到的困难以及学生的情感状态（对新知识的需求度）。但是，不少教师在预设时、更多的是盯住知识的某一点、某个方面，较少关注学生的知识结构状态和学习困难。

案例10–3：圆锥的体积（一）

师：圆锥的体积怎样计算呢？让我们来共同研究。体积受哪些条件的影响？（教师向平台上倒大米，米堆在升高、底面在变大）

生：圆锥的高增加了，圆锥的底面积增大了，圆锥的体积受圆锥的高和底面积影响，高增加，体积增大；底面积增大，体积增大……

师：大家发现了圆锥的体积与它的底面积和高有关。那么，怎样计算它的体积呢？请大家相互讨论。

师：在以前的学习中，我们是怎样求一个新图形、新形体的面积或体积的？比如，计算三角形、圆形的面积，计算圆柱的体积。

生：将三角形转化为平行四边形；将圆形转化为长方形；将圆柱体转化为长方体；将新图形转化为已经学过的图形……

师：我们已经学过哪些形体的体积计算？那么，怎样求圆锥的体积呢？

生：长方体、正方体、圆柱体……将圆锥体转化为圆柱体。

教师利用学生的学习反思，引导学生观察米堆的变化，知道圆锥的体积与它的底面积和高有关；通过让学生回顾新形体面积、体积计算方法的推导，引导学生发现可以用转化的方法求圆锥的体积。这样的预设，关注学生知识结构状态，使新知识的学习和旧知识建立联系，使学生巩固了旧知识，学习了新知识，并渗透着数学思想方法和迁移策略。

案例10-4：圆锥的体积（二）

（教师组织学生观察“倒水实验”——用圆锥容器向等底等高的圆柱容器倒水3次，引导学生探究出圆锥体积等于圆柱体积的三分之一）

师：下面我们再做一个实验，我用这个圆锥容器（换了一个）重新向这个圆柱容器（原来的）里倒水……大家发现了什么？

生：圆柱容器里的水没有倒满。

师：第一次实验水倒满了，怎么这次没有倒满？

生：您换了一个圆锥容器，可能它们不等底等高……

师：我们来比较一下是否等底等高。（一学生上讲台，教师比较，学生观察）是的，两个容器不等底等高，这说明了什么？

生：圆锥和圆柱要在等底等高时，圆锥体积才是圆柱体积的三分之一。

教师充分考虑了学生的学习困难，突出难点知识，组织学生观察第二次实验，突出了“等底等高”，有利于纠正一些学生的错误认识——圆锥体积等于圆柱体积的三分之一，使其形成正确的数学概念，也培养了学生的科学思维方法。

（三）准确定位教学目标

准确定位教学目标，也就是预设学生学习后的状态。教学目标对教学活动具有导向、指引、调控与测量等功能。在某种意义上，教学目标既是教学的出发点也是教学的归宿，支配着教学全过程并规定教与学的方向。张梅玲认为，确定的教学目标应该是教师教学的灵魂，也是判断教师教学是否有效的直接依据。教师应该合理地确定教学目标，这是关系到一节课成功与否的重要因素。她建议，教师既要给学生生成的时间和空间，更应善于把握教学效益的底线（预设目标），善于从每个学生的基础性生成资源中选择可供课堂互动的资源，促使课堂的生成性资源更好地为预设目标服务。但是，不少教师在教学时，为了“生成”占用过多的教学时间，占用学生课上的练习时间，使得预设目标难以达成，经常出现完不成当堂课教学任务就草草下课的情形。如果连预设目标——教学效益的底线都不能达成，这样的教学即使有一点“生成”，那也是低效的。

案例10-5：圆锥的体积（三）

师：我手中的圆柱体容器里装满了大米。你们怎样知道这些大米的体积？

生：圆柱的底面积乘高。

师：（将大米倒在平台上）现在大米是什么形状？

生：近似圆锥。

师：你们想知道些什么？

生：我想知道底面的半径和高、体积、底面积、表面积、底面周长、侧面积……

师：在大家想知道的内容中，哪些知识我们还没有学过？

生：圆锥的体积、表面积……

师：圆锥的底面积和高，上节课大家已经学过；圆锥的表面积在小学不学习。下面我们共同研究圆锥的体积怎样计算，大家同意吗？

课始，教师用大米倒在平台上呈圆锥状，将学习内容指向圆锥的研究。通过“你们想知道些什么？”这一问题，激发学生的经验迁移和学习期待：圆柱体的学习经验→圆锥体的学习期待。教师没有马上进行圆锥体积的教学，而是用“哪些知识是我们还没有学过的？”引导学生对他们想学习的内容进行梳理，指明学习方向，确定学习目标。

在课时教学目标的确定上，有一种现象值得我们关注，许多教师将“三维”分项列出，或列出“情感态度与价值观”目标。对此，张梅玲老师指出：对于课时教学目标，既要考虑“知识与技能”“过程与方法”“情感态度与价值观”的关系，更要确定课时教学目标的重点，因为课时教学目标是课程标准的下位目标，无须按三个维度来陈述。况且，“过程与方法”不是一定需要表述出来的（在本质上“过程与方法”不是学习目标），“情感态度与价值观”目标不是一节课能够达到的，我们可以将此包含在“知识与技能”目标表述之中。

案例10-6：用7、8、9的乘法口诀求商

（1）掌握用7、8、9的乘法口诀求商的一般方法，能正确运用7、8、9的乘法口诀求商。

（2）经历用7、8、9的乘法口诀求商的计算方法的形成过程，体验迁移类推、归纳概括的思想和方法。

（3）通过创设生活化的情境，使学生感受到数学与生活的密切联系，培养学生探究知识的兴趣。

“通过创设生活化的情境，使学生感受到数学与生活的密切联系，培养学生探究知识的兴趣”，这个目标的陈述，几乎就是一个教学策略，可以用于许多课的教学。因此，它只能是一个上位目标，而不能是某节课的目标。同时，存在同样问题的还有“培养学生迁移类推能力、逻辑思维能力和语言表达能力，培养学生合作学习的意识”等。

另外，这个目标的定位还存在以下主要问题：①将“三维”理解为“三个方面”；②目标没有指明学生的预期学习结果；③学生行为的表现程度没有具体化。

案例10-7：秒的认识

在执教“感知几秒”的环节，其过程简述如下。

（1）观察：大屏幕上的秒针从12走到了3，说说秒针经过了多少秒？你是怎么知道的？

（2）体验：闭上眼睛感受15秒，教师说开始，学生开始计时，认为到15秒了就轻轻地举手，看看和老师喊停的时间是否一致。

（3）交流：请估计比较准的学生说说是怎么做的，猜猜学生太早或太晚举手的原因是什么。

（4）再次体验15秒：在交流了正确估计方法之后，再次体验15秒。设计这一环节时，我仿佛看到了学生进行这一系列活动时的专注和获得成功以后的欣喜。在我的潜意识里，这样的设计是完美的，因为在几次试教时，我都是这样上的，效果不错。带着这样的预设，加上近年来自认为充分吸纳的新课程理念，我的自信心很足，认为万事皆备，只等成功了。

终于等到了上课，开头很顺，一切都按着预定程序进行，一直到了“闭眼体验15秒”这一环节。我开始被学生“生成”了……

师：接下来，老师想让同学们换一种方法来体验一下15秒。请大家闭上眼睛，老师说开始，同学开始计时，你觉得什么时候到15秒了就举手。真正到15秒的时候，老师会喊时间到的。看看你能否和老师取得一致。好不好？

生：（齐）好！（学生个个摩拳擦掌、跃跃欲试）

师：预备，开始！（霎时间，教室里一片寂静，学生都闭着眼睛，静静地体验着时间一秒一秒地过去。几秒钟以后，有几个学生早早地举起了手）

师：（15秒钟以后）时间到！（话音刚落，有几个小朋友恰在此时举手了，还有一些小朋友没有举手）

师：老师发现有的小朋友很早就举手了，有的小朋友等到老师喊时间到了还没有举手。但是有几个小朋友的举手时间和老师喊停的时间是一致的。老师想让他们介绍一下，他们为什么会估计得这么准。

生1：我在心里默默地数着1、2、3、4……一直数到15就举手，这样就和老师喊到的时间一致了。

生2：我在桌子上敲一下，数一下，一直数到15就举手。这样就和老师喊到的时间一致了。

师：那你们猜猜是什么原因使一些小朋友举手过早或过迟了？

生：他们可能数得太快或者太慢了，每数一次的时间不是1秒。

师：说的有道理。我们在心里数的时候不能数得太快，也不能数得太慢。这样就比较准了。那接下去我们按照刚才所说的正确方法，再闭上眼睛来体验一下15秒，看看是不是比上一次有进步。

（正当我准备要说“预备，开始！”的时候，有一个学生举手了）

生1：老师，我对你刚才的做法有意见。

师：（我愣了一下问）你有什么意见？

生A：刚才到15秒的时候，你喊了一声“时间到”。有的小朋友数得不准确，一听到你喊就举手。这样小朋友就可以不动脑筋了。

（预设时，我根本没有考虑到这一问题，无奈的我准备采用延迟处理的方法。但学生的发言，已经直接指向了我教学设计上的漏洞，把我推向了尴尬的境地，是搁置、延迟还是改变？面对学生真诚的指正，搁置、延迟免不了给人忽悠学生、明知不可为而为之的感觉，与当前课改的要求相左。现在各科课堂教学都在追求“无法预约的精彩”，现在“精彩”就在身边，能置之不理吗？看来，我也只有放弃原有的设计，整合现有的教学资源，放手一搏了）

师：那你有什么好办法来帮老师解决这个问题呢？（把“球”踢给学生，我为自己体面地赢得了思考的时间）

生：我们可以同桌两人合作，左边小朋友闭上眼睛，当老师说“开始”时就在心里估计15秒的时间，自己认为时间到了，就轻轻拍一下同桌的小朋友。右边小朋友负责看着钟面计时（看电脑钟面演示，没有声音）。当同桌的小朋友拍自己时，告诉他估计得是否准确。

师：（我心里暗暗佩服，“这小家伙真厉害！”）真是充满创意的方法，比老师的方法高明多了。那么现在就让我们用这位小朋友说的方法和同桌一起再来体验一下15秒。好吗?

……

新课程最打动人的地方莫过于它所带来的全新理念。在不断地学习培训、积累反思后，我们逐渐认识到，在过去的课堂教学里，“教案”成为教师教学活动“不可动摇的指挥棒”和“至高无上的准则”，这种“约定式”的教学是造成学生机械呆板、思维僵化、行为划一的“万恶之源”。教师在教学过程中应促进学生在教师的指导下主动、富有个性地学习。课堂是教师、学生互动交往的场所，每节课都是不可重复的充满激情与智慧的综合过程。课堂上经常会出现教师在预设中所想象不到的新情况、新事物或生发出新的教学资源，如果无视这种新情况、新资源，课堂处于走“教案”的封闭状态，就违背了课程的终极目标。

从整个教学过程看，教师“预设”的痕迹已渐次淡化，取而代之的是基于平等意义上的一种即兴的互动；课堂中“线性”的程序已渐次消退，更多的则是精彩纷呈的对白、各具特色的设计。学生在课堂里真正经历着“做数学”和“用数学”的过程，将自己的身心融入课堂，这对于学生数学素养的培育而言，意义甚大。

一方面，“生成”使“预设”的目标更加多维；另一方面，“生成”使“预设”的过程更加丰盈。

“数学教学是数学活动的教学，是师生之间、生生之间交往互动与共同发展的过程。”这是数学课程标准对数学教学的引领，也是课改形势下课堂教学与传统教学的本质区别。就课堂的整体结构来看，其循着“规律的预见、规律的提炼、规律的明晰与规律的延展”等几个大的板块展开，使整个教学过程形成一个动态的教学活动整体，确保师生活动指向清晰、目标明确。但在每一板块的具体运作中，执教者给学生留下了足够的空间，由学生自创材料、自行探索、自我矫正、自我完善，并更多地关注课堂教学中的动态生成，关注学生的信息反馈，“现场化”展开教学过程。在此过程中，既有学生的观察与思考，又有学生的列举与表述；既有小组的合作交流，又有学生个体的独立思考；既有学生的自主探索，又有师生之间、生生之间的立体交叉活动。在这一互动过程中，每个学生都得到了均等的参与及充分展示自己的机会。

六、博采众家之长

一个人的智慧是有限的，集体的力量是无穷的。多年来，我备课有个习惯：拿到课题后，我总喜欢什么参考资料都不看，什么人也不请教，自己先在心中构思。从目标设定到环节安排，从教法选择到活动设计等予以全盘的考虑，然后再查阅相关资料，请教别人，进行对比分析，看哪里自己想到了，哪里忽视了，为什么忽视了，别人的设计好在哪里，好的设计是否符合自己的特点，自己能否驾驭得当，等等。长期这样思考，极大地促进了我的成长，提高了我专业发展的速度。多年的实践使我体会到，越想备好一节课，越是要做好博采众长后的对比和反思工作。在博采了众家之长之后，再对自己的教学进行重新设计，往往就能备出一节比较理想的课。

比如“时分的认识”一课，有两位教师的教学设计都很优秀。一是课件创意，认识“分”时，让分针从12起运行，走到几停下来，让学生说出经过了多少分钟。为了让学生看清楚，课件显示出分针针尖在圆周上划过的痕迹。二是练习设计，事先发给每位同学一张钟面卡，上面标有不同的时间，老师说出几时几分，让学生举出相应时间的钟面卡，几轮下来，每位同学都得到了一次练习的机会（面向全体得到了充分体现）。这两个设计让我眼前一亮，感觉非常好，但对好的设计一贯的做法是绝不能照搬照抄，博采众家之长的最高境界应该是在别人基础上进行再创造。受到这两位教师的启发，我又对课件做了修改，在分针转动过的小格上做出一条颜色鲜艳的色带，分针指到哪，色带就跟着转到哪，不仅增添了课件的美感，而且更加突出地让每个学生都清清楚楚地看到了分针转动的情况；练习部分，同样发给每位学生一张卡片，但换成由小白兔说出时间（配音制作），以让学生帮小白兔找朋友的方式进行，这不仅达到了全面练习的目的，而且渗透了爱心教育，学生兴趣盎然。

有的老师可能会说，我们平时哪有这样的机会一下子集中听这么多节课。其实，即使自己在家中备课，只要我们有心，同样可以做到博采众家之长，尤其在网络技术如此发达的今天，没有任何人可以阻挡你学习的机会。仍以“时分的认识”为例。记得曾有人把课堂教学艺术概括为“豹头、猪肚、凤尾”六个字，“豹头”指的是课的开始要吸引人，“猪肚”指的是课的进程要实实在在，“凤尾”指的是课的结尾要令人回味无穷，这六个字的概括非常经典。为了达到这种经典的境界，我尽最大的能力翻阅文献资料，上网搜索，共找到相关的教学设计50多篇，对其进行仔细分析整理后，发现这些教学设计的“豹头”部分可归纳为四类。一是开门见山，直接出示时钟并问，“同学们，你们认识它吗？它有什么作用？”学生回答后直接切入主题；二是谈话式引入，先与同学们交流——“你们早上几点起床呀？”“你们是怎样知道时间的呀？”学生回答看闹钟后切入主题；三是情景引入、教师放时钟行走时嘀嗒嘀嗒的声音并问，“听，这是什么声音”，学生说出是钟的声音后切入主题；用得最多的是第四类，借谜语引入，教师先出谜语（诸如：会走没有腿，会说没有嘴，它能告诉我们什么时候起、什么时候睡等），学生猜出是钟表后自然引入主题。这四类引入方式各有千秋，并无优劣之分，在平常的教学中哪一种方式都可以使用。博采了众家之长之后，我开始了自己的“创新之旅”，怎样才能做到既不重复别人的做法，又能达到紧扣教材主题、贴近学生生活实际，同时有效引起学生学习兴趣的目的呢？为此，我设计了让龟兔绕着12棵树围成的圆圈赛跑的引入方式：12棵树围成的圆圈暗示钟面。龟兔赛跑的故事学生耳熟能详，让它们绕圆周赛跑学生感到新鲜，做成动画就更吸引人了。比赛同时开始同时停，乌龟只跑到第一棵树的位置，而白兔则跑了一圈，暗示时针和分针的运行规律，整个画面表面上看是龟兔在赛跑，实质上是一个钟面运动。这样的设计概括为四个字：新、实、活、美。“新”首先指的就是引入部分的设计。这样设计，一是如果没有博采众长，就不可能有全新的创造；二是只要我们明确了设计的方向，天天想，时刻琢磨，“灵感”必定会出现。当然，我们平时备课不可能节节都像参赛课一样想得那么细、那么深，但我们可以尽量想周全一些，因为想与不想绝对是两个样子，想得深刻与否也绝对是两个样子。

七、丰富自己的人生

曾听我校的一位教研组长上公开课——一年级的“统计”。课前她通过集体备课和自己的精心准备，完成的教学设计非常优秀，加上她本人教学素养良好，课上得非常成功。同样的设计，面对同一水平的学生，换另一位老师上，结果就大不相同。在听课的过程中我突然有了这样的感悟：优秀的教学设计就像伟大设计师设计的最经典、时尚的服装，而能否穿出风采和神韵，关键是模特的条件和素养，教师就相当于模特。教师的人文精神、文化底蕴、内涵气质、教学素养等直接影响着课堂教学的质量和效果。课堂教学如此，备课又何尝不是呢？备课同课堂教学一样是科学，也是艺术。中国自古就有“功夫在课外”之说，备课的功夫自然也不例外，因为要备好一节课，不仅掌握一些备课的技巧和注意事项就行，（那只是基础）还需要备课人有广博的知识、开阔的视野和敏锐的思维。一节好课往往具有鲜明的个性特征，它是备课人所有智慧和力量的综合体现。所以我经常给我的学弟学妹们讲：想成为一名优秀的教师吗？先做一个内涵丰富的人吧！

第十一章　优秀教学设计

教学设计1：口算乘法

【教学内容】

人教版三年级上册第六单元第57页例1、例2。

【教学目标】

1. 在具体情境中体会乘法运算的意义，探索并掌握整十、整百、整千数乘一位数及两位数乘一位数的口算方法。培养学生的计算能力、对知识迁移类推的能力和归纳概括能力。

2. 使学生经历整十、整百、整千等多位数乘一位数的口算方法的形成过程，体验计算方法的多样性。在解决实际问题的过程中提高学生解决问题的能力。

3. 使学生感受数学与生活的密切联系，培养学生从数学的角度观察周围世界的习惯。

【教学重难点】

教学重点：引导学生发现整十、整百、整千数乘一位数以及两位数乘一位数的口算方法，并能正确进行口算。

教学难点：理解整十、整百、整千数乘一位数以及两位数乘一位数的口算算理。

【教学准备】

教具准备：多媒体课件、演示用小棒。

学具准备：小棒。

【教学过程】

做小游戏：老师说算式，学生来说口诀。

3×4=12　　5×4=20　　3×3=9　　8×4=32。

（一）复习旧知识

1. 填一填

（1）6个十是（　　），15个十是（　　）。

（2）40里面有（　　）个十。

（3）8000里面有（　　）个千。

（4）24是由（　　）个十和（　　）个一组成的。

2. 口算下面各题（直接说出得数）

5×3=　　7×8=　　6×4=　　9×5=

师：9×5你用的哪句乘法口诀呢？

生：五九四十五。

师：同学们对之前学习的知识都掌握得非常好，今天我们继续学习有关口算的知识。

（二）创设情境

师：老师想知道，周末或节假日你们都喜欢去哪玩呢？（游乐园）今天老师带你们去游乐园里转一转。

（1）谈话。

（出示图11-1）大家看，游乐园里真热闹啊，小朋友们都在干什么呀？（生回答）

图11-1　游乐园场景图

好玩的项目真多啊，不过在玩之前，我们先来了解一下价格表。

（出示表11-1）这里的每人每次是什么意思？（一个人玩一次）是的，一人玩一次用数学语言来描述就是每人每次。

表11-1　游乐园项目价格

	名称	价格（元/每人每次）
1	旋转木马	5
2	小火车	10
3	过山车	12
4	登月火箭	9
5	碰碰车	20

（2）再仔细观察，有几个小朋友在玩碰碰车，你能根据上面的数学信息提出一个有价值的数学问题吗？该怎样列式呢？

生：20×4。

师：为什么用乘法来计算？

生：求4个20是多少。

教师板书：20×4。

有几个人在玩过山车，结合价格表中的数学信息，你又能提出什么问题呢？该怎样列式？为什么用乘法来计算？

教师板书。

（三）探究新课

学习例1：

（1）师：现在我们先来解决20×4，20×4等于多少呢？你是怎么想的？

预设：

生1：加法计算，20+20+20+20=80。

生2：先算$2\times4=8$，再加一个0。

师：刚才这位同学的方法正确吗？这节课我们就一起来学习口算乘法（板书课题）。

师：现在请同学们以小组为单位利用老师为你们准备的小棒摆一摆，想一想、算一算20×4。

学生先听操作要求，然后小组合作交流。

师：谁愿意为大家展示一下自己的本领？

找一名学生用教师的小棒在黑板上边摆边说。

学生边摆边说：1捆10根，2捆就是20根，2个20根，3个20根，4个20根，是80根，4个20根是80根也就是80。

师课件展示梳理思路（图11–2）。

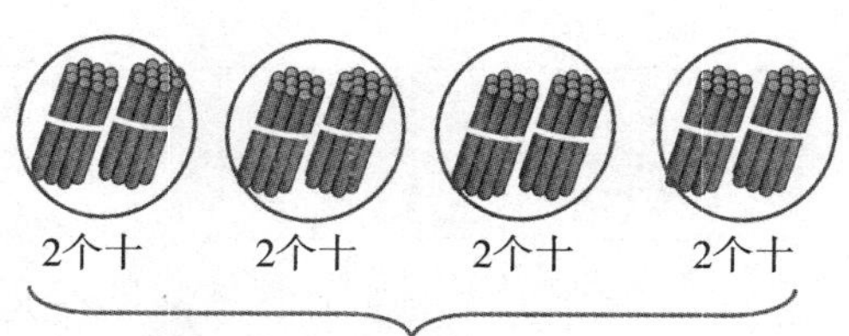

4组（8个十）

想：2个十乘4是8个十，就是80。

图11–2　设计思路

师：我们一起再来摆一摆。

师：请看大屏幕，这是两捆小棒，一捆是十根，两捆就是2个十，再摆2个十……一共摆了四组就是8个十。

师：通过摆小棒我们可以这样想，2个十乘4是8个十，就是80。

师：谁来说一说？（两位同学）

师：我们用摆小棒的方法得出了20×4是怎样口算的。谁能再来说一说我们是怎样想的呢？（课件出示）

生：2个十乘4是8个十，就是80。

（2）师：20×3可以怎么想？同桌相互说一说。

师：同学们，我们会算20×3了，老师把它变一变，那200×3怎么想呢？2000×3呢？

生1：2个百乘3是6个百，就是600。

生2：2个千乘3是6个千，就是6000。

（出示课件）

（3）仔细观察以下算式。

20×3=60

200×3=600

2000×3=6000

师：在计算20×3、200×3、2000×3时，我们利用摆小棒的方法知道是2个十乘3是6个十、2个百乘3是6个百、2个千乘3是6个千。

它们在口算时有什么共同特点？都用到了哪句乘法口诀？（课件出示总结方法）

师：我们一起总结，口算整十、整百、整千数乘一位数时可以看作几个十、几个百、几个千乘一位数。

（4）师：你能用这个好方法快速地说出下列各题的结果吗？

$30\times3=$　　　　$300\times3=$　　　　$3000\times3=$

学习例2：

（1）师：整十、整百、整千数乘一位数我们找到了一个好方法，那如果不是整十、整百、整千数，该怎样口算呢？同学们请看第二个式子12×3。那12×3等于多少呢？请同学们以小组为单位再次用手中的小棒摆一摆，想一想，算一算。

小组合作摆一摆。

展示学生的摆法。

问：通过摆小棒你发现了什么？

生：发现了有3个十就是30，还有3个2是6。

展示课件，梳理思路。

师：我们一起用摆小棒的方法说一说12×3的计算过程，12拆分成10和2，先算$10\times3=30$，再算$2\times3=6$，最后把两次的积相加，$30+6=36$（图11–3）。

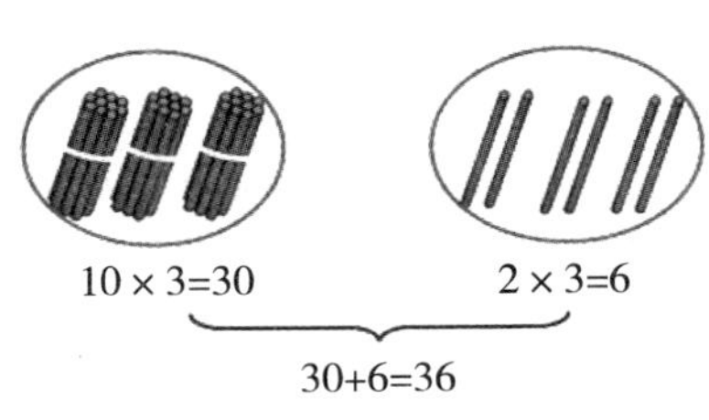

图11–3　示意图

（2）师：同学们都掌握了吗？我们来练一练，你能快速说出下面各题的结果吗？

$12\times4=$　　　　$32\times3=$

师：12×4你是怎么想的？

备课篇

师：孩子们谁能用自己的语言总结一下，像这样的两位数乘一位数该怎样口算呢？

（3）师：请看大屏幕。

（课件呈现）两位数乘一位数的计算方法：先把两位数拆分成整十数和一位数，用整十数乘一位数，一位数乘一位数，再把两次的积相加。

（四）巩固练习

（1）快速完成下表（PPT出示）（表11-2）。

表11-2　练习

因数	30	200	3000	13	23
因数	6	7	3	2	3
积					

（2）动动脑筋：括号里应该填什么？说说你的理由。

60×（　　）=240　　　（　　）×9=270

（3）每瓶矿泉水2元，买24瓶矿泉水需要多少钱？

学生读题并列式计算，教师提醒学生别忘了写上单位名称和答。

（五）全课总结

师：这节课我们学到了哪些知识？你有什么收获？

回顾整理本节课的内容。

【教后反思】

“口算乘法”是人教版小学数学三年级上册“多位数乘一位数”这一单元的内容，也是其最基础、关键的部分，是在学生掌握了表内乘法和万以内数的组成的基础上进行的，是一节种子课，是以后学习多位数乘一位数的笔算的基础。

本节课教学的主要思路是让学生在熟悉的情境中，提出多位数乘一位数的问题，并通过自主探索、合作交流学会整十、整百、整千数乘一位数的口算乘法，通过观察、比较、类推，培养学生的创新能力。

为了达到以上目的，本节课主要从以下几个方面进行设计。

（一）复习旧知识

通过口算、填空等形式进行复习，为学生学习新知做了必要的铺垫。本节课重点是学生能说出口算时的算理，这些复习题就是为学习重点做铺垫。

（二）创设情境，探究新知

利用现实生活中的素材——游乐园等游乐项目作为教学资源，学生根据情境的内容提出用乘法解决的问题，由问题列出20×4，而不是由教师给出问题和例题。学生在试算20×4时，有的直接算，有的用加法列式计算，有的口算。我及时结合实例，展开讨论，让学生感悟口算的特点和方法，又结合学生回答，及时动态演示小棒图，数形结合，引导学生逐步深入理解算理。在教完20×4，学生在初步掌握了整十数乘一位数的口算方法后，扩大学生的学习自主权，调动他们的学习积极性，进一步让学生独立解决几百乘几、几千乘几的计算。在独立思考乘法的计算方法时，给学生留下独立思考的空间。学生利用自己的方法独立解决问题，并进行讨论与交流，发现整十、整百、整千数乘一位数三个式子的共同特点，归纳总结出简便快捷的方法。接着是教学例2，两位数乘一位数的口算方法，先让学生用小棒理解算理，再总结算法，学生掌握良好。

（三）分层练习，深化理解

在练习设计中，设计了基础练习、解决问题、拓展填空等层次性的练习。

在整堂课教学中，我注重了以下的几个方面：①让学生说清算理；②练习时有层次性；③当学生初懂算理时，不失时机地进行练习，让学生反复地说算理，从而达到使学生逐步掌握算理的目的；④当学生用小棒动手操作理解算理后，再通过多媒体课件小棒的演示巩固算理。

（四）改进措施反思

（1）教学设计应更严密、更科学，尤其要预留出学生活动的时间。

（2）在教学12×3时，应着重强调12中的1表示的是1个十，1个十乘3是3个十，就是30，让学生更加理解和巩固算理和算法。

（3）提高自己的教学素养，提高自己的教学语言表达能力。多听、多学、多练。

“教学是一门遗憾的艺术。”这节课有很多不足，我将不断改进，不断努力。为了让以后的每节课遗憾能少一些，我会持之以恒，学习学习再学习。

教学设计2：图形的运动——旋转

【教学内容】

人教版小学数学五年级下册第83～84页的例1、例2。

【教学目标】

1. 认识图形的旋转，理解绕一个点顺时针或逆时针旋转一定角度的意义。

2. 在认识旋转的过程中，让学生对图形变化产生兴趣，并进一步感受旋转在生活中的应用。

3. 通过图形的旋转，激发学生对学习数学的兴趣，帮助学生积累成功的体验。

【教学重难点】

教学重点：掌握图形旋转的三个要素。

教学难点：用语言描述围绕一个点旋转、向什么方向旋转和旋转多少度。

【教学过程】

（一）谈话激趣，情景导入

师：同学们，转眼间，五一假期快要到了，你们都准备去哪儿玩呢？（生回答）想法很好，但是在出游的过程中要注意安全哦！

刚才听到有同学说想去游乐场玩，老师也很喜欢！老师还知道一个大家肯定都喜欢的地方，这是哪儿？（出示如图11-1所示的游乐园图片）游乐场里哪些娱乐项目是你喜欢的？

……

师：那游乐场里还有旋转木马、大摆锤、摩天轮这样的娱乐项目，像这样的娱乐项目，它们都在做什么运动呢？

生：旋转运动。

今天，就让我们一起走进旋转的世界！

（二）探究新知

1. 初步感知

师：同学们，在生活中，你还见过哪些旋转现象呢？

生：电风扇、风车、钟表……

师：真是善于观察的孩子，真细心。今天老师也带来了一些做旋转运动的图片。这些物体是怎样旋转的？它们的旋转方式有什么不同？仔细观察，能否根据旋转方式进行简单的分类呢？请同学们前后四人为一个小组，把你的想法在小组内说一说。（第一次小组合作）

小组汇报：（预设）

（1）生：它们的旋转方向不同。

师：有什么不同呢？

生：有的顺时针旋转，有的逆时针旋转（什么样的方向是顺时针？什么样的方向是逆时针呢？与钟表上指针旋转方向一致的为顺时针方向，反之为逆时针方向，可引导学生用手指比一比）。顺时针运动的有1和2；逆时针运动的有5和6；3和4有顺时针运动也有逆时针运动。

（2）师：转动有的是一圈一圈的，有的是半圈，有的是90°。这是旋转的什么不同呢？

生：（旋转角度不同）一圈一圈旋转的有1、2、3、5，不是一圈一圈旋转的有4和6。

（3）它们都是绕着什么旋转的呢？

生：中心，有的是点，有的是一条线。绕一个点旋转的图有1、4、6，绕一条线旋转的图有2、3、5。

师：像钟表上的指针和风车那样都绕着一个点或一个轴转动的过程就是旋转。

生：它们有的是在平面旋转的，有的是立体旋转的。

师：通过同学们的探究，我们发现这些图片中的旋转现象是绕着一个中心旋转，旋转的方向有不同，旋转的角度也有不同。

2. 具体体验

师：刚才我们看到了许多物体的旋转现象，现在我们来看一看钟表上指针的旋转。

（1）请同学们仔细观察表盘上指针的位置变化。（可以用教具）

观察：出示动画（指针从12指向1）。

师：谁能试着用一句完整的话描述一下指针的旋转过程？

生：指针顺时针沿着表盘转动。时针1小时转动30°。

（教师引导学生叙述完整）

师：为什么是30°呢？

学生要明确：指针绕点O旋转一周是360°，一周共有12大格，从12到1是旋转了1大格，即旋转了：360°÷12=30°（图11-4）。

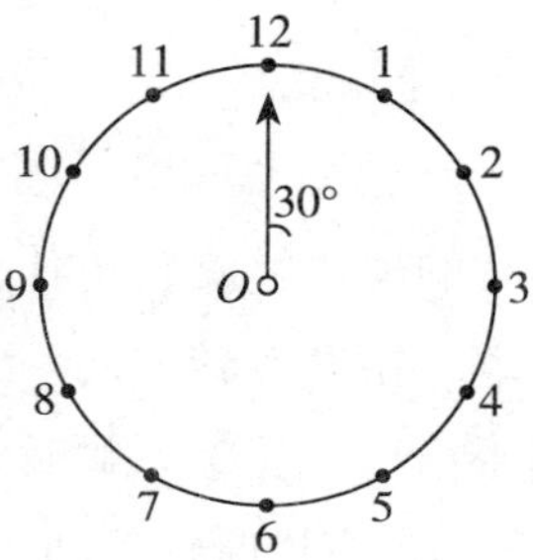

从“12”到“1”，
指针绕点O按顺时针方向旋转了30°
360°÷12=30°

图11-4　时针转动示意图

引导学生完整地说一遍：从12到1，指针绕点O按顺时针方向旋转了30°（可以指一指黑板的角度）。出示PPT。

师：同学们仔细看，指针继续旋转（指针从1指向3）。

师：现在谁能用一句完整的话描述一下指针的旋转过程？（注意旋转角度，询问学生意见）

师：指针又旋转啦！谁会说？再来！（图11-5）

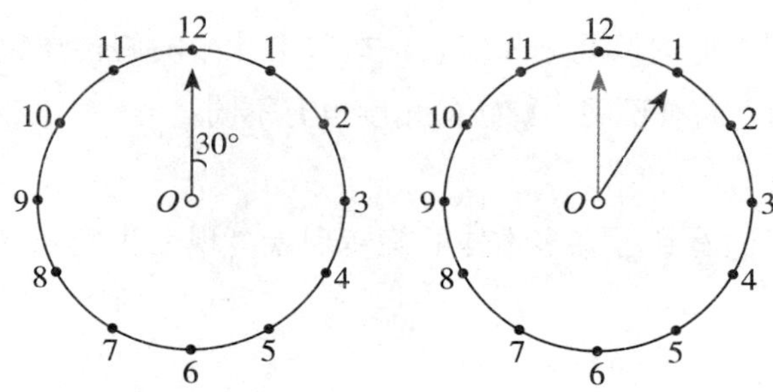

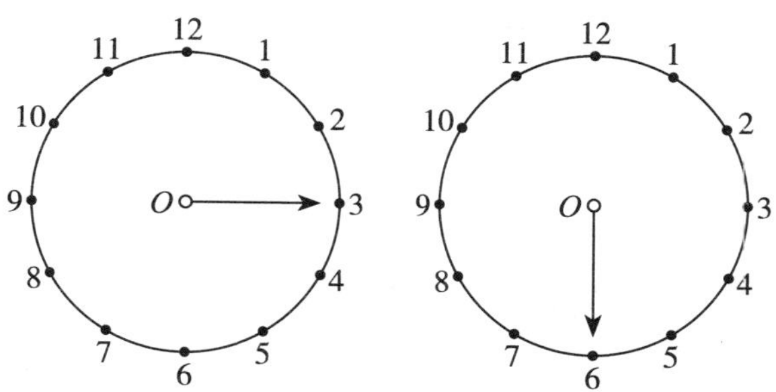

图11-5　指针转动示意图

从12到1，指针绕点O按顺时针方向旋转了30°；

从1到3，指针绕点O按顺时针方向旋转了60°；

从3到6，指针绕点O按顺时针方向旋转了90°；

从6到12，指针绕点O按顺时针方向旋转了180°。

（2）师：根据我们刚才描述的旋转过程想想看，要想把一个旋转过程描述清楚，应该注意哪些方面呢？

学生小结：要把一个旋转现象描述清楚，不仅要说清楚是什么在旋转，以及运动的起点和终点，更重要的是说清楚旋转中心、旋转方向以及旋转角度，这也是旋转的三要素。（板书：旋转三要素：旋转中心、旋转方向、旋转角度）

（3）师：现在我们会描述旋转现象。想不想用我们学到的知识解决生活中的小问题？老师需要两位小演员，一人扮演挡车杆（准备两个彩色卡纸标记点O_1、O_2）另一人扮演小汽车。（注意扮演挡车杆的学生要背对大家）

挡车杆同学的左肩为旋转中心O_1，右肩为旋转中心O_2，他的两条手臂可分别绕O_1、O_2旋转。扮演小汽车的同学在过挡车杆之前是不是要鸣笛呀？

第一环节：教师描述，小演员来演。左侧有车通过，车杆要绕点O_1按顺时针方向旋转90°（图11-6）。

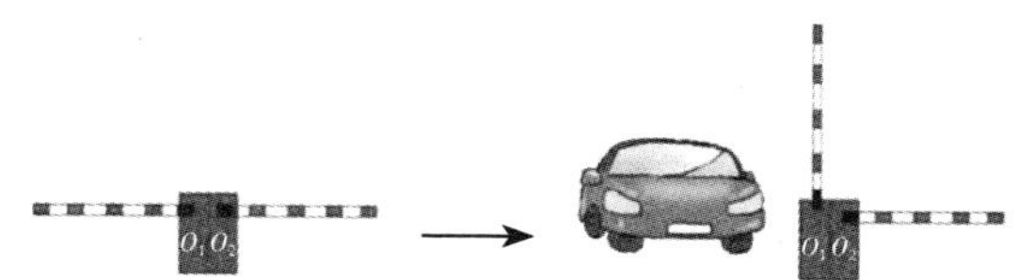

左侧有车通过，车杆要绕点O_1按顺时针方向旋转90°；
右侧有车通过，车杆要绕点O_2按逆时针方向旋转90°。

图11-6　小汽车过档杆示意图

备课篇

第二环节：小演员演，其他同学描述。

3. 动手操作，感受三角尺旋转的过程

小活动：请同学们拿出三角尺（示范）和方格纸。谁愿意用洪亮的声音为大家读一读活动要求？（可以插段纯音乐控制时间）课件出示例2，让学生用三角尺在方格纸上模拟旋转过程：先将直角三角尺固定在方格纸上，在方格纸上按顺时针方向旋转90°。

学生动手操作，观察三角尺的位置变化。

师：哪个小组的代表愿意来展示旋转过程并分享你们的发现？（若无投影直接提问发现）

师：请演示一下怎么旋转的，在旋转过程中你发现了什么？谁想补充？（共3点）

教师课件再演示、再总结：①形状、大小不变，只是位置变了，引导学生观察每个顶点旋转前后到O点的距离没变；②旋转时旋转中心点O的位置不变；③过旋转中心的两条直角边旋转的方向相同，角度也相同，所以每旋转一次，三角尺的两条直角边都绕点O顺时针旋转了90°。

师：猜一猜，如果继续绕点O顺时针旋转90°，两次旋转后会形成一个什么图案呢？让我们拭目以待。

（课件动态演示风车形成过程，如图11–7所示）

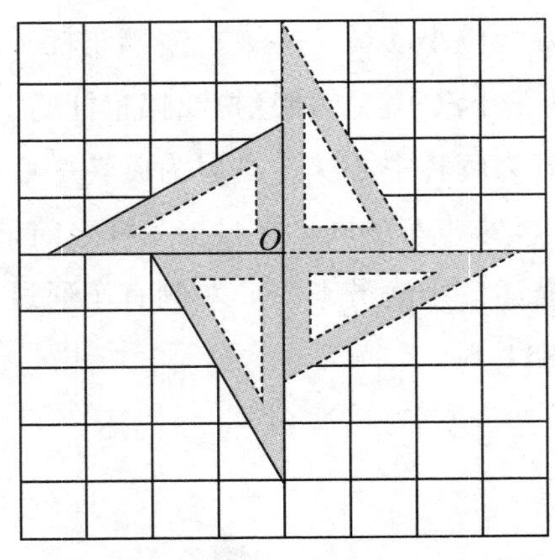

图11–7　课件截图

（三）做一做

换另一把等腰直角三角尺，在方格纸上按逆时针方向转一圈，小组内互相说说是怎样旋转的。

（四）课堂小结

师：通过今天这节课的学习，你有什么收获？（生回答）

师：通过观察旋转的图片，我们总结了旋转的定义，在描述旋转现象的过程中，我们总结出旋转的三要素，在动手操作中，我们知道在方格纸上旋转三角尺，形状和大小不变，位置改变，旋转中心不变，每旋转一次，三角尺的两条直角边都绕点O顺时针旋转了90°。

（五）实际应用

师：旋转在我们生活中的应用十分广泛，为我们的生活提供了便利。

师：风力发电的风车通过扇叶旋转发电，运动器材通过旋转能锻炼我们的身体，陶艺师傅借助旋转的底盘能做出漂亮的陶具，直升机的螺旋桨做旋转运动才能飞上蓝天。所以说，数学来源于生活，又应用于生活！

（六）板书设计

图形的运动——旋转

三要素：
- 旋转中心
- 旋转方向
- 旋转角度

【教后反思】

本节课的教学，我认为有以下特点。

（一）体现了研学后教的理念

整节课，学生都是围绕着研学问题完成系列的学习任务。先利用钟表（线的旋转）探索旋转的三要素，再上升到图形的旋转（面的旋转），学生知识的建构由浅入深，循序渐进，自然地突破了教学的重点、难点。通过观察、探索、语言描述、欣赏、绘制等一系列活动，从生活实际引入，为创设探索提供了条件，使学生在观察和操作中，将对知识的思考与实物模型的演示和操作有机结合起来，在大脑中形成表象，建立概念，以动促思。这样，学生始终以探索者、发现者的角色投入学习活动。本节课使学生经历了自主、合作、探究的过程，真正做到了把时间还给学生，让问题成为中心，使过程走向成功。

（二）充分利用多媒体教学

旋转是一种基本的图形变换，但学生理解旋转的特征是一个难点，我采用多媒体辅助教学，直观地呈现教学素材，从而更好地激发学生的学习兴趣，增大教学容量，提高教学效率。

但同时，本节课也存在一些问题。比如，评价语言不到位，学生的积极性调动得不太好，而且学生在探索后的叙述中，语言不够完整，教师应及时给予指导，让学生的语言叙述尽量完整。

教学设计3：平行与垂直

【教学内容】

人教版义务教育四年级上册教科书第57～59页。

【教学目标】

1. 让学生结合生活情境，通过自主探究活动，初步认识平行线、垂线。

2. 通过观察、操作等学习活动，让学生经历认识垂线与平行线的过程，掌握其特征。

3. 培养学生的观察能力、空间想象能力和抽象概括能力。

【教学重难点】

教学重点：认识平行线与垂线。

教学难点：理解“平行与垂直”这两种位置关系界定的前提是在同一平面内，与理解“永不相交”的含义。

【教学准备】

教具：多媒体课件、包装盒、吸管。

学具：记号笔、直尺、三角板。

【教学过程】

（一）课前复习

播放《西游记》片段。金箍棒有一个神奇的功能，可长可短，在我们数学王国里也有一个像金箍棒一样神奇的图形，它是什么？直线的特点是什么？今天我们学习的就是和直线有关的内容。

（二）创设情境，设疑引思创设情境

师：老师今天给大家带来了两个小伙伴，看是什么？（直直的吸管）

师：两支吸管掉落之后，一支落到了桌子面上，一支落到了地面上，伸出我们的两只小手，一只小手摸一摸桌面所在的平面，另一只小手摸一摸地面所在的平面，这时候我们说这两根吸管落到了不同的平面上。第二只吸管继续滚动，两支就都落到地面上了，我们可以说它们在同一个平面内。（板书：同一平面）

师：请同学们猜想一下，第二支吸管落地后，这两支吸管可能会处于什么样的位置呢？请同学们思考，用两条直线（板书“两条直线”）代替这两支吸管，用白纸代替地面，把你的想法画在白纸上。

（三）画图感知，分类比较

1. 展示——丰富表象

老师找几幅有代表性的作品贴在黑板上，为了便于表述，给它们编上号1、2、3、4、5、6。

2. 分类——认识平行

小组活动：你能按照一定的标准给它们进行分类吗？各个小组交流分类情况。当学生在汇报过程中出现“交叉”一词时，教师随即解释：在数学上把这种交叉的关系称为相交。（板书：相交）引导学生将两条直线再延长，然后逐一讨论、分析，再次进行分类。学生通过讨论达成共识：看似不相交的两条直线延长后实际上是相交的，从而达成分类的统一，即相交的是一类、不相交的是一类。

归纳总结：在同一个平面内的两条直线的位置关系只有两种：相交和不相交。

（1）揭示平行的定义。

师：像这种位置关系的一组组直线，我们就叫作平行线，我们来看数学上是怎么定义平行的。（板书“平行”课题）课件出示平行定义，学生读定义，找关键词（板书：互相平行）。学生回答（不相交、同一平面、两条直线、互相），老师引导点拨。

（2）突破难点。

学生说到“同一平面”时，出示长方体，让学生充分感知“同一平面”的含义。

（3）感知“永不相交”。

师：你能说明这两条平行线永不相交吗？猜猜看！这两条平行线之间一样宽吗？

师：学生利用1号探究单用尺子量一量后发现，这两条平行线之间的距离都是2厘米，无论延长多长，距离都是2厘米。

（4）介绍平行符号。

师：我们用符号“//”来表示平行，直线a与直线b互相平行，记作$a // b$，读作a平行于b。同学们，平行线就像一对好朋友，你是我的平行线，我也是你的平行线。

（5）师：你能用肢体语言表示互相平行吗？

（6）生活中平行的例子。

让学生闭上眼睛想象两条直线互相平行是一个什么样的位置关系，增加学生的空间想象能力。

3. 认识垂直

（1）感知垂直的特点。

师：两条直线相交会形成“角”，仔细观察它们所形成的角，在这里面还有一种很特殊的相交情况呢，你发现了吗？

生：①和③相交形成直角。

验证：①和③这两组直线是否真的相交形成直角呢？要量一下才能验证它到底是不是直角。请拿出我们的三角尺，反馈结果。（板书：成直角）

（2）认识垂直的定义。

师：像这样相交里面形成直角的这种特殊情况，它们还有特殊的名字呢，叫“互相垂直”。（板书：互相垂直，课件出示垂直的定义）请同学上来指一指哪个点是垂足。（板书：垂足）你能说说直线a和直线b的位置关系吗？

（3）介绍垂直符号。

师：直线a与直线b互相垂直，记作$a \perp b$，读作a垂直于b。刚才我们知道了同一平面内的两条直线有相交和互相平行两种位置关系，通过找一找、比一比我们还知道了相交里边一种特殊的位置关系是互相垂直。今天我们重点研究的就是平行与垂直这两种位置关系。（板书：平行与垂直）

（4）师：你能用肢体语言表示互相垂直吗？

学生用胳膊比画。

（5）举出生活中互相垂直的例子。让学生闭上眼睛想象两条直线互相平行是一个什么样的位置关系，增加学生的空间想象能力。

（6）师生小结。

（四）巩固练习，深化认识

（1）火眼金睛：判断同一平面内两条直线的位置关系。（图11–8）

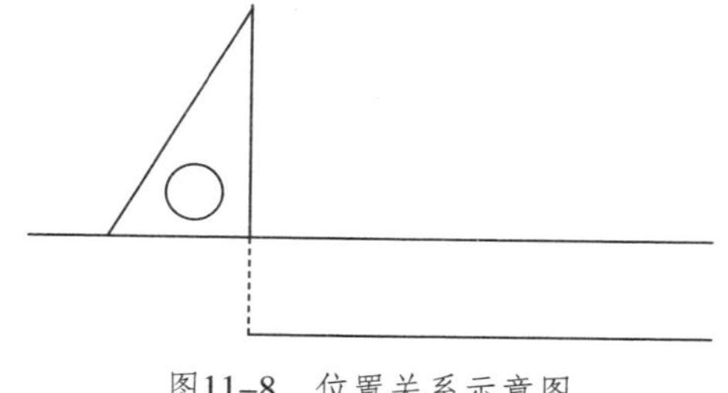

图11–8　位置关系示意图

（2）耳聪目明：下面有没有相互垂直和相互平行的现象？（图11–9）

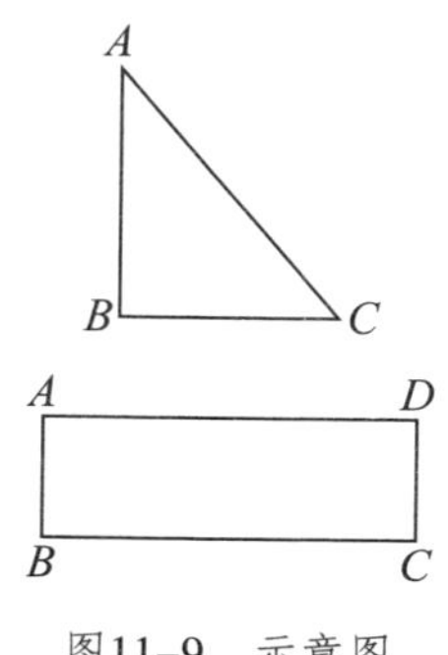

图11–9　示意图

（3）师：晓雨同学今天也学习了平行与垂直，还写了数学日记。你能帮她检查并改正吗？

……

备课篇

师：看来我们比晓雨学得好多了，课下大家也可以写一篇数学日记。

（五）课堂小结

师：通过本节课的学习，你有什么收获？

（六）联系生活

师：生活中平行与垂直现象无处不在，让我们共同走进平行与垂直的世界。请大家指一指，并大声地说一说哪些地方存在着平行与垂直，看谁感受最深刻。

（七）课后作业

作业如图11–10所示。

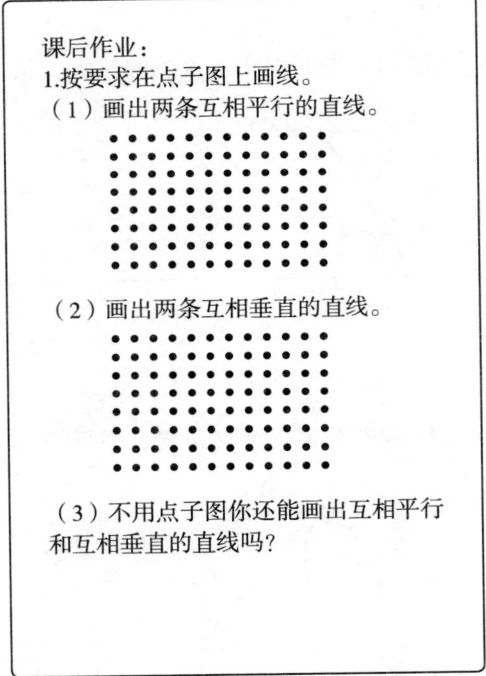

图11–10　作业示意图

（八）板书设计

平行与垂直

两条直线（同一平面内）
- 互相平行　贴学生作品　永不相交　$a//b$
- 相交　贴学生作品　形成直角　互相垂直　$a\perp b$

【教后反思】

“平行与垂直”是在学生学习了直线的特征的基础上进行教学的。本节课主要让学生弄清同一平面内两条直线的位置关系，重点理解互相平行和互相垂直的概念。由于这节课数学概念较多，学生理解起来有一定的难度，因此针对本课知识的特点和学生的实际，确定了教学指导思想：让学生通过观察、操作、思考、体验，掌握所要学习的数学知识。整堂课，以“分类”为主线，引导学生自主探索与合作交流，先是将收集的6组直线分类，让学生体会同一平面内两直线的位置关系，接着对相交的直线进行二次分类。通过分类、比较，让学生透过现象寻求事物之间的联系，如此，在知识探究的过程中既培养了学生的自主探索意识与空间想象能力，又把知识点清晰地展现在学生的面前，学生在轻松愉悦的氛围中，既提高了学习兴趣，又增强了信心。

（一）有效的问题情境，激发学生的学习兴趣

本节课的学习从“吸管落地”的情境入手，让学生画出两条直线，直接进入纯数学知识的研究氛围，带领学生进行空间想象，用数学自身的魅力来吸引、感染学生。教师将收集上来的学生作品杂乱地陈列于黑板，学生的内心就产生了分类的冲动。我利用这一现实情境让学生以“分类”为主线，通过小组交流、汇报、辩论等活动，帮助学生在复杂多样的情况中逐步认识了同一平面内两条直线的位置关系。

（二）精细化的“预设”，成就了精彩的“生成”

在处理“两条直线看似不相交实为相交”的情况时，通过让学生讨论、分类、调整、延长等活动，使学生充分认识到其实这样的两条直线也是相交的，只不过没有把它相交的部分画出来；在突破“同一平面”这一难点时，利用正方体培养学生的空间观念，接着出示魔方的旋转图，当学生确认不相交时，又追问“那它们就是互相平行了？”意在帮助学生进一步理解平行，当学生认为也不是互相平行时，反问“这是怎么回事呢？”意在帮助学生克服思维定式，使学生对“同一平面”的认识更加深刻。

（三）精心设计练习，把握了新知的训练点和拓展点

精心设计两条动态的直线，让学生判断同一平面内两条直线之间的位置关系，化静为动，学生更能清晰地掌握互相平行、相交以及特殊的相交——互相垂直。通过让学生当“小老师”帮助晓雨同学修改数学日记，进一步加深学生对平行与垂直的理解，同时培养学生写数学日记的习惯。除了从几何图形中找，还让学生从生活中找平行与垂直的现象。另外，“欣赏应用，体会价值”一环节的设计，让学生真切感受到所学知识在生活中的应用。通过这些练习形式，让学生进一步加深对平行与垂直概念的理解，拓宽了学生的知识面，使学生克服了在数学学习中容易产生的枯燥感。

（四）本节课存在的一些不足

（1）本节课的教学重点是理解平行和垂直的特征，要让学生多自主探索、多动手研究，但在上课过程中，学生动手操作得少，自己讲得过多，引导过多。如果让学生自己去探究发现，他们对平行与垂直的特征会理解得更好。许多教学的方法在备课时设计上了，可是到了实际的教学中用得少，当学生找出教室的一些垂直现象时可以让学生利用三角板实际操作一下，验证他们的判断是否正确。

（2）自己驾驭课堂缺少必要的教学机智。例如，对部分学生缺少画龙点睛的点拨，感觉到学生说得比较费劲。又如，一位同学在总结平行与垂直时说了半天，不知所云，我没有及时地去引导他。在教学过程中，对学生的精彩发言评价方法单调，未能激起学生的求知欲，课堂后半部分课堂气氛显得不够活跃。

（3）对课堂上生成的教学资源，没能很好地利用，感觉对学生的关注不够。学生多次出现预案外的生成资源，但我没有充分利用。其实，错误是最好的教学资源，应该放手让学生去说，应该帮助学生分析出错的原因。

综观整堂课，我真诚地交流，悉心地倾听，积极地引导，合理地调控，学生的劲头很足，思维被激活，情感被激励，精彩表现不断出现，可以说，在整个学习过程中，学生的情感、态度、价值观及学习能力也得到了全面的发展。

教学设计4：有余数的除法

【教学内容】

人教版二年级下册教材第60～61页，例1、例2。

【教学目标】

1. 通过操作活动，使学生理解余数及有余数除法的含义，并会用除法算式表示出来，培养学生观察、分析、比较的能力。

2. 借助用小棒摆正方形的操作，使学生巩固有余数除法的含义，并通过观察、比较探索余数和除数的关系，理解余数比除数小的道理。

3. 渗透借助直观研究问题的意识和方法，使学生感受数学和生活的密切联系。

【教学重难点】

教学重点：理解有余数除法的含义，探索并发现余数和除数的关系。

教学难点：理解余数要比除数小的道理。

【教学准备】

小棒、课件、学习记录单。

【教学过程】

（一）课前交流

师：同学们，你们知道现在是什么季节吗？（春天）春天是草莓丰收的季节，你们喜欢吃草莓吗？想不想解决关于草莓的问题呢？瞧，老师把草莓带来了。

（二）动手实践，感知意义

1. 复习表内除法的含义

（1）课件展示例1的问题情境。

有6个草莓，每2个摆一盘，可以摆几盘？（师：到底能不能摆3盘呢？现在，老师请两个小朋友到黑板上来摆一摆。一个摆盘子，一个摆草莓）

（2）点名摆一摆。

师：小朋友们仔细看，摆了几盘？草莓摆完了吗？（板书：摆3盘，正好摆完）

（3）质疑：你能把刚才摆的过程用一个算式表示出来吗？为什么用除法来计算（平均分）？

（4）质疑：这个算式表示什么意思？（6个草莓，每2个摆一盘，可以摆3盘）在这个算式中，每个数的名称你们知道吗？

2. 理解有余数的除法的含义

（1）在动手操作中感受平均分时出现剩余的情况。

① 如果有7个草莓，还是每2个摆一盘，又可以怎样摆呢？

② 同桌合作，按照这样的要求来摆一摆，看哪个组的小朋友摆得最快。

③ 质疑：仔细看一看，7个草莓，每2个摆一盘，摆了几盘？摆完了吗？板书：摆3盘，还剩1个。

（2）列算式表示摆的过程。（像这样摆又可以怎样写除法算式呢？剩下的一个在除法算式中怎么表示？）师：我们刚才摆了2次草莓，比一比，有什么相同点，有什么不同点呢？

（3）交流展示。（师：谁来试着说一说）规范余数写法。

7÷2=3（盘）……1（个）。3表示什么？1呢？

（4）质疑：谁能结合这幅图完整地说说算式表示什么意思？（课件出示完整的算式）剩下的1个叫作余数。

（5）揭题：像这样的除法就叫有余数的除法。教师说说每个数的名称。

读算式：7除以2等于3（盘）余1（个）

（师：我们已经认识了有余数的除法，你会用它来解决生活中的问题吗？请小朋友们翻到课本60页，完成做一做第1题圈一圈，填一填）

（6）随例练习。圈一圈，填一填。

① 17个☆，2个2个地圈。

☆☆☆☆☆☆☆☆☆

☆☆☆☆☆☆☆☆

圈了（　　）组，剩下（　　）个。

17÷2=□（组）……□（个）

② 23个●，3个3个地圈。

●●●●●●●●●●●●

●●●●●●●●●●●

圈了（　　）组，剩下（　　）个。

23÷3=□（组）……□（个）

师：其实，有余数的除法中蕴藏着许多数学知识，下面我们就一起来研究，请看……

（三）观察对比，发现规律

1. 按要求操作并记录

（1）（学生用小棒摆正方形）想一想：摆1个正方形要用几根小棒？如果有8根小棒可以摆几个正方形呢？怎样列式？8 ÷ 4=2（个）。

（2）动手实践。

师：8根小棒可以摆2个正方形，如果是9根、10根、11根、12根小棒又会出现什么情况？接下来，咱们就用手中的小棒摆一摆，看看能摆几个这样的正方形。一人摆小棒，一人把摆的结果及所列的算式写在下面的记录单上（表11–3）。

表11–3　记录单

小棒根数	摆的结果	算式
8	□□	8 ÷ 4=2（个）
（　　）		

2. 汇报交流

（1）交流展示。（师：9根小棒摆出了怎样的结果？谁先来试试？）

小棒根数	摆的结果	算式
8根	□□	8 ÷ 4=2（个）
9根	□□ |	9 ÷ 4=2（个）……1（根）
10根	□□ | |	10 ÷ 4=2（个）……2（根）
11根	□□ | | |	11 ÷ 4=2（个）……3（根）
12根	□□□	12 ÷ 4=3（个）

（2）猜想：如果不摆小棒，你能推算出13根、14根、15根的结果吗?

13根	□□□ |	13 ÷ 4=3（个）……1（根）
14根	□□□ | |	14 ÷ 4=3（个）……2（根）
15根	□□□ | | |	15 ÷ 4=3（个）……3（根）

3. 观察对比

通过让学生观察、对比，让其发现余数和除数的关系（图11–11）。

备课篇

小棒根数	摆的结果	除数　算式　余数
8	□□	8 ÷ 4 =2（个）
9	□□ |	9 ÷ 4 =2（个）……1（根）
10	□□ | |	10 ÷ 4 =2（个）……2（根）
11	□□ | | |	11 ÷ 4 =2（个）……3（根）
12	□□□	12 ÷ 4 =3（个）
13	□□□ |	13 ÷ 4 =3（个）……1（根）
14	□□□ | |	14 ÷ 4 =3（个）……2（根）
15	□□□ | | |	15 ÷ 4 =3（个）……3（根）

图11–11　余数和除数的关系

（1）师：现在，大家仔细观察这些除法算式，你有什么发现？

（2）质疑：为什么余数总是1、2、3而不是其他的数呢？

（3）猜想并验证：余数可能是4或5吗？为什么？

16根能剩4根吗？　　□□□□　　16 ÷ 4=4（个）

17根能剩5根吗？　　□□□□ |　　17 ÷ 4=4（个）……1（根）

（4）归纳小结：余数既不能比4大，也不能和4相等，也就是余数必须比除数小。

（四）练习巩固，加深理解

（1）判断对错。

① 9 ÷ 4=1……5。

② 10 ÷ 2=……2。

③ 12 ÷ 2=5……2。

（2）下面的除法算式中，如果只知道余数，除数可能是答案中的哪一个？说说你的理由。

☆ ÷ 5=6……（　　）余数可能是几。

☆ ÷（　　）=△……5除数最小是几。

（余数＜除数）

（五）总结

师：这节课我们学习了有余数的除法，知道了余数和除数的关系，大家表现得都特别棒。只要认真思考，勤于观察，就能在生活中发现很多有意思的数学知识。

（六）板书设计

有余数的除法

摆了3盘，正好摆完	摆了3盘，还剩1个
6÷2=3（盘）	7÷2=3（盘）……1（个）
余数<除数	

【教后反思】

本节课是二年级下册的内容，在学生动手操作环节，不仅满足了学生进一步的心理需求，而且更加直观地让学生熟悉了本节课要学的新知识点，学生直观熟悉余数后，通过有效参与、自主探究、合作交流，使学生在经历、体验、获得的过程中，深刻体会了余数比除数小的道理，从而验证了猜测，教学难点迎刃而解。这部分学习内容是“表内除法”知识的延伸和扩展，两部分内容相互联系，前者是后者的基础，后者是前者的延伸。这部分内容也是今后继续学习除法的基础，具有承上启下的作用。

经历了这一次活动，让学生理解在平均分正好分完时可以用没有余数的除法来计算，而在平均分后有剩余就要运用有余数的除法来计算。因为学生在学习有余数除法以前，已经认识了除法，知道要把一个数等分，可以用除法计算。至于这个数能不能正好分完，对每一个人来说，在没有计算或进行分的实践之前，是不会知道能分完或不能分完的。只是在建构了除法后，进行计算时，需要我们研究会出现的两种情况。

本课的教学目标是通过对“6个草莓每2个一盘，7个草莓每2个一盘，能分几盘”这个问题来理解什么是余数和有余数的除法，再体会什么情况下可以用有余数的除法来计算：知道余数一定要比除数小。教学重点和难点是通过实际操作感悟有余数的除法，通过合作交流探究除数和余数的大小关系。本课通过直观形象的学具操作等形式，使学生积极主动参与学习，通过用小棒摆正方形的活动来发现问题、解决问题，构建新的知识体系。

在认识余数后引出除数比余数大的情况，让学生动手用小棒摆正方形。在猜一猜的过程中，学生总结出了除数比余数大的规律。整节课，学生动手、动嘴、动脑，真正参与了活动的全过程，在自主、合作、讨论中自己去交流、去沟通、去互动、去思考，在活动的过程中获得了“余数”概念的表象支撑，为抽象出“余数”概念打下了基础。

在实际教学的过程中，还存在着很多的不足。比如，没有很好地分析二年级学生的特点，导致教学内容过多，中间应加入一些让学生动动手、动动脚的活动，充分调动学生的积极性，让学生在课堂内得到充分的休息；在学生动手操作后，应让学生充分表达，用自己的语言来描述自己的想法及动手操作的流程。要研读教材和课程标准。在后面的练习时，学生不能很快地口算，是不是题目过于难呢？听课老师提议道：要充分利用和读懂教材的设计，把书本上的题目讲透彻才是本堂课的重中之重。因此，在今后的备课乃至教学过程中，我要本着认真、虚心的态度，踏踏实实地搞好教学工作，从了解学生，研读教材、教参、课程标准入手，多听经验丰富的教师的课，让自己驾驭课堂的能力进一步提高。

评课篇

教育是培养人的事业，教师教学水平的高低直接影响着学生的成长。在课程改革实践及教师自我专业成长需求中，评课活动已成为提高教师专业水平的重要手段。科学化的评课对提高课堂教学质量、提升教师教育教学素养、进一步加强和深化新一轮课改有着很强的现实意义。评课活动，旨在搭建一个促进教师学习、交流、发展的平台，让每一位教师都真正走上专业化发展之路。有人把老师上课比作“画龙”，把评课比作“点睛”，“龙”因“睛”而腾飞，很形象，同时道出了评课的重要性。“外行看热闹，内行看门道”，一节课往往因专业的评课而精彩，上课者因专业的评课而茅塞顿开，听课者因专业的评课而豁然开朗。可见，评课具有重要的现实意义。

第十二章　评课的目的和意义

评课，就是根据课程标准，对照教学目标和课堂教学的成败及其原因作出切实中肯的分析和评价，包括对教师的教的评价和学生的学的评价，它是一项具有研究价值的课题。这种价值评判是研究教学、提高教师专业水平的重要方式。

就一般的评课而言，评课的目的有三种：一是对课堂教学的优劣做出鉴定；二是对课堂教学成败的原因做出评析，总结经验教训，提高教学认识；三是针对课堂教学亮点进行交流，相互学习，相互促进。

其实，评课的目的可以从三个角度进行界定。一是学校教学工作层面，可以通过评课，促进整个学校教育教学质量的提高。教师的教育教学质量是通过课堂体现出来的，评课作为对教师课堂教学质量诊断和评价的手段，在促进教师教育教学能力提高的同时，自然推动了学校教育教学质量的提高。二是从教师专业发展层面上来看，听课是最直接的帮助教师提高专业水平的方式。通过评课，对教师的课堂教学活动进行诊断，可以了解教师的课堂教学理念、育人理念，并且可以通过研讨的方式帮助教师厘清课堂教学观念中不正确的意识，学习优秀的课堂教学理念，从而推动教师的专业发展。三是从学生学习层面上来看，通过不断纠正和优化教师的课堂教学行为，能使学生在以后的学习中，在同等条件下，获得更佳的学习效果。

总的来说，评课可以优化教师的教育思想和课堂教学理念，有利于激励教师加快知识更新、优化教学艺术；有利于教师深入研究学科课程，优化教学目标和教学内容；有利于教师创造性地吸收优秀的教学模式，优化教学方法和教学手段；有利于调动教师的教学积极性和主动性，优化教学过程、优化教学设计；有利于教师增强自我管理意识，帮助和指导教师不断地总结教学经验，提高教育教学水平，从而促使教师在教学过程中追求课堂教学的艺术境界，并逐渐形成自己独特的教学风格。

课堂教学是使学生获得知识、形成技能技巧、发展智力和能力、培养良好思想品德的最基本的途径。因此，要提高教育教学质量，首先就要提高课堂教学质量，对课堂教学质量进行评价。客观、公正、科学地评价课堂教学，在当前核心素养的背景下，对探索课堂教学规律，提高教师的教学水平和学生的学习质量有着十分重要的意义。具体来说，有以下几个方面的意义。

一、有利于全面推进素质教育

课堂教学改革是全面实施素质教育的主攻方向，是一项根本性质的改革。实施素质教育，就是要促进人的全面发展。

自从有了人类社会，就有了教育。人类办教育，为的是促进自身更好的发展。教育赋予人类智慧与美德，教育赋予社会进步的力量。因此说，教育是一种以促进人的发展、社会发展为目的，以传授知识、经验和文化为手段的培养人的社会活动。按照这样的教育思想来评价课堂教学，应该是开发学生的身心潜能，使学生在掌握知识的同时，形成现代人的思想，掌握现代人的本领，使学生的知识、人格、智力、能力、非智力、个性等都得到全面的和谐发展，由一个自然人转变为一个社会人。

联合国教科文组织四部经典著作之一《教育——财富蕴藏其中》，提出了教育的“四大支柱”：学会认识、学会做事、学会共同生活、学会生存与发展。面向未来的教育，课堂教学应以发展为中心并符合“四个学会”的培养目标。

评课应以促进人的全面发展为目标，在课堂上全面推进素质教育。

二、有利于提高教师和学生的素质

正确公平的教学评价，可以调动教师的工作积极性和主动性。通过评课，可以帮助和指导教师不断总结教学经验，提高教育教学水平，促使教师由经验型向专家型转变。同时，通过评课转变教师教育观念，促使教师生动活泼地进行教学，把学生真正当作学习的主人。在课堂教师的启发、引导、点拨下，学生通过实验、观察、归纳、阅读、讨论、交流等学习方式自主地学习，不仅学到了知识，还学会了获取知识的思想和方法，在思维能力、心理感受能力、意志品质、情感和交往能力等方面得到了锻炼和提高。

三、有利于更新教育观念，提高教学效率

著名教改实践家李元昌曾说过："教学方法不是最重要的，最重要的是教育观念的转变，因为有怎样的教育观念，才会有这种观念下的教学方法。"作为教师，首要的是更新教育观念，有了符合素质教育要求的教育观念，才会有努力的方向，才能自己不断地去探索、去尝试。因此说，评课不仅要研究教材教法，更要研究教育思想。先进的教育思想，是评好课的前提，只有用新的教育思想、教育观念、超前意识去分析、透视每一节课，才能对课的优劣做出正确的判断，才能给执教者正确的指导。否则，用陈旧的、僵化的教育思想去评课，不仅不能给执教者以帮助，反而可能会产生误导。

正确的教育思想是课堂教学的灵魂。当前有些教师的教学方法之所以落后，根本原因是教育思想陈腐、教学观念落后。当前，传统教育观念中不合理部分还在支配着他们的教学行为。陈旧的、僵化的教育思想束缚着他们的手脚，使他们不能摆脱旧的教学模式，走不出传统教学的框框。因此，在评课中，首先要帮助他们转变教育思想，更新教学观念，指导他们用新的教育思想去研究教材和教法。

四、有利于教师形成教学风格

我们经常可以看到，同样的一个学科、同样的一节课或同样的教学内容，不同教师表现出的教学风格不同。有的教师教学风格是精雕细刻，把课上得天衣无缝；有的教师教学风格是大刀阔斧，紧紧抓住重点难点，使疑难问题迎刃而解；有的教师教学风格是善于归纳推理，用逻辑思维本身的魅力吸引学生；有的教师教学风格是运用直观、形象的优势，使学生在课堂上感到轻松愉快，体会学习的乐趣。同时，我们还可以看到同一个班的学生，面对不同的教师上课，有不同的表现。平时表现异常活跃的班级，面对新教师，表现出沉默寡言；平时不愿参与课堂教学的班级，却在新教师的指导下积极、主动地学习。以上的事实说明，在评课中，要注重教师教学个性的培养。

在以往的评课活动中，学校领导或教研员不太注意去发现和总结执教者的教学个性，而惯于用自己的意志去规范执教者的教学设计，致使执教者放弃自身的特点、长处，刻意去按照他人的“指导”去做，结果就是在实际教学中，看不到预想的效果，执教者也找不到预想的感觉。因此，在评课中要对执教者所表现出来的教学特点，给予鼓励，帮助总结。

第十三章　评课的作用

评课对于教学活动来说，是一个经常性的、必不可少的环节。评课是教师提高自身教学能力的关键，也是学校加强教学常规管理，开展教育科研，深化课堂教学改革，推进素质教育实施的关键，抓住这一具有重要性的工作，有利于促进整个教学改革的顺利发展。

一、导向作用

评课的标准是一定教学目标的分解，教学目标的确立又由国家的教育方针、教育目标和教育价值观所决定。因此，评价的标准具有一定的导向作用。评价为师生指明了教学方向和奋斗目标，并且提供给师生达到目标的程度的信息，激励师生不断在教学过程中完善、提高，向奋斗目标前进，努力实现教学目标，从而使教学走上正轨，促进教学向教学目标逐渐靠近。为了更好地发挥评课的导向作用，首先应确定正确的教学目标，即使教学活动规定适应社会需要，符合国家教育总目标的目的、方向和要求。然后，根据教学目标制定出全面、恰当、科学、合理的评价内容与标准，力求对教学活动进行全面的评价与衡量。对于学生，不仅要评价其知识、技能、智力、品质、体质的发展，还要关注其情感、个性、行为等方面的变化；对于教师，既要评价其教学的目的、任务、内容、方法、手段和效果，又要关注其教学组织、语言表达、创新精神等方面的发展。

实践证明，评价内容、标准对教学活动具有“指挥棒”的作用。因此，学校应帮助教师制定适合其自身情况的教学发展目标，教师也应帮助学生确定适当的学习目标，以便更好地指导学生学习。

二、管理作用

学校工作以教学为中心，而课堂教学又是教学工作的主渠道。课堂教学是学生学校生活的主要内容，占据他们绝大部分时间。所以，学校教育必须抓好课堂教学。怎样才能抓好课堂教学呢？作为学校领导，除了要抓好教师的备课、批改、辅导、质量调研等常规工作，还应把主要精力集中在抓好课堂教学质量的提高上，而评课恰好是一条重要的途径。

过去，学校领导往往只重视计划的制订和执行两个环节，而对检查和总结重视不够。因而，难以对课堂教学质量做出科学的判断。学校领导只有经常深入教学第一线，经常走进课堂，参与听课评课，才能掌握第一手材料。通过听课、评课，首先，可以掌握教师课堂教学的基本情况，正确发挥学校领导对教学改革、教学研究的指挥权。一方面，及时发现教师教学中存在的症结，给予恰当的指导和帮助，通过对听课中获得的信息的分析与研究，明确提出改进教学工作的相应办法和措施，从而提高教师教学能力和教学水平；另一方面，及时发现教师教学中的闪光点，尤其是教学中所具有的风格和特点，帮助他们总结、归纳，以便形成自己的教学特点和教学艺术。其次，可以了解学生的学习现状，较为准确地把握学生学习的思想脉搏，正确行使学校领导在学生教育过程中的主动权，采取有针对性、学生喜欢的措施，从而使学生成才。

总之，评课不仅能促进教学管理工作的不断完善，而且对加强学校其他方面工作的管理，也有很大的作用。

三、调控作用

评课并不是游离于教学活动之外的一个过程，而是教学活动的有机组成部分。课堂教学是否已经达到了预期的目标，是否具有达到目标的可能，若目标已经达到，并还有达到更高目标的希望，或者达到预期目标的可能极小，甚至几乎没有可能，在这些情况下都需要通过评课来获得相应的信息，经过严格的筛选处理，以确保信息的真实性，从而在此基础上做出正确的判断，使教师和学生从中得到大量的信息，为今后改进教学提供可靠的依据。

从学生角度看，教学过程无非是师生按照教学目标的要求，通过各种信息的传递来引起、调整、控制学生认知、情感和技能发展，从而达到教学目标的过程。简而言之，教学过程就是调控学生行为的过程。在这个过程中，评课起着重要作用，它能为师生提供丰富信息，使师生发扬优势，克服纠正教学活动中偏离教学目标的部分，努力缩短与教学要求的差距。对教师来说，可以调整自己的教学工作，包括修改教学内容、改进教学方法等；对学生来说，可以知道学习中存在的问题，确定今后努力的方向，调整自己的学习活动。评课使师生不断完善教学活动，提高教学的质量和效率。因此，在教学过程中必须充分发挥其调控作用。

四、鉴定作用

一般来说，鉴定就是指通过评课活动所获得的评价结果，来区分评价对象的优劣程度，或是用评价结果来衡量评价对象是否已经达到规定的最低标准。

鉴定作用是评课最显著、最被广泛接受的一种作用。一说到评课，人们首先想到的就是鉴定。通过听课、评课，可以对教师和学生素质与能力、表现与水平等都有一个比较全面的掌握，为相应的确认、评选等鉴定性工作提供依据评课鉴定作用对于教师来说，与其资格鉴定、评选先进与优秀、晋升职称等联系在一起；对于学生来说，往往与其学习态度、智力水平、兴趣爱好紧密相关。总之，评课鉴定作用已得到广泛的关注与应用。

五、激励作用

激励作用是鉴定作用的必然结果，主要是指评课能激发人的动机，使人具有内在驱动力，向期望目标前进。一般来讲，动机产生于需要。评课的标准是教学目标的反映，体现着师生在教学中各个方面发展变化的要求，反映当前教育观念对人才的规格要求，实质上也体现了师生自身发展的需要。从这种意义上讲，评课能给师生以满足，激发师生的动机，提高师生在教学过程中的主动性与热情，调动师生积极性，激励师生全身心地投入教学活动中。另外，就评课本身而言，也在激发师生的另一种需要，那就是认同需要和实现价值的需要。师生需要被肯定、赞赏，获得认同。在评课中，评价对象往往为此不断努力和完善，提高教和学的效果，力争获得较高的价值判断，从而在被评价群体中居于有利地位。产生竞争的意识，更加有利于调动教师和学生的积极性，主动性与自觉性，使教学活动日趋规范。

实践证明，正确公平的评课，可以调动教师工作的积极性，强化教师正确的、成功的教学方法和教学艺术，激发学生的学习内部动因，强化学生良好的学习习惯。适时客观地对教师进行评价，可以帮助教师明确自己在教学工作中需要努力的方向和程序，不断扬长避短，积极进取。恰当、合理地对学生进行评价，有利于提高学生的学习积极性和学习效果。当然，为了充分发挥评课的激励作用，还应尽力创设一种积极向上的风气，使评课具有客观、公正、积极的刺激作用，使之成为激励师生锐意进取、革故鼎新的肥沃土壤。

六、诊断作用

评课过程，不只是利用一切可行的手段来获得有关评价对象的各种信息，更重要的是对这些信息进行全面的统计、分析、处理，对得出的评价结果给予科学的解释与运用，包括对评价对象应明确指出值得肯定的内容、存在的主要问题、教学工作改进的方向等，也就是说，要充分发挥评课的诊断作用。

通过听课，评价者获取丰富的评价信息，然后再对这些信息进行统计、分析、处理，这样就能使整个教学活动得到比较全面、科学的评价。一方面，可以诊断教师的教学态度是否主动，教学目标及教学任务是否落实，教学内容及知识结构是否准确，教学方法及教学手段是否科学合理，教学效果是否明显，从而帮助教师明确改进教学工作的方向，及时采取相应的措施，不断提高教学质量；另一方面，可以诊断学生学习的实际状况，了解学生的个性差异状况，找出学生学习困难的原因，识别在学习上有特殊才能的学生，以此作为科学、合理指导学生的依据，排除学生在学习中遇到的障碍，确保教学活动的顺利进行。

七、反馈作用

反馈作用是指通过评课，把教学活动的有关信息提供给教师和学生，以便调节教学活动，使之始终目的明确、方向正确、方法得当、行之有效。首先，通过评课的反馈信息，可以调节教师的教学工作，帮助教师了解、掌握教学实施的效果，反省成功与失败原因之所在，及时修正、调整和改进教学工作，激发教师的教学积极性、创造性；其次，通过评课的反馈信息，可以调节学生的学习活动。心理学研究表明，肯定的评价一般会对学生的学习起鼓励作用。通过评价，学生在学习上进步获得肯定的，心理上得到满足，强化了学习的积极性。否定的评价虽会使学生产生焦虑，但某种程度上的焦虑，也具有积极的动力作用，可以成为学生学习的内动力。其实，学生从评课中获得自己学习的有关信息，加深了对自我的了解，矫正以往学习中的错误行为，坚持发扬正确的学习方法与作风，为下一步的学习提供了帮助，同时获得鼓舞，激发动机，提高学习效率。

八、沟通作用

评课的过程也是评价者与评价对象相互沟通交流的过程。而沟通交流恰恰是人们在当前社会及未来社会必须具备的素质，因为沟通、交流是学习、工作成功的一个重要因素。广而言之，评课活动是人与人之间的群体活动，它具有沟通意见、协调关系、融洽感情的作用。对教师来说，可以学习到他人的长处，看到自己的不足，有利于取长补短；可以借以挖掘潜力，有利于激励进取，培养良好的教学风气。对学生来说，可以稳定教学秩序，调动他们学习的积极性，激发他们的创造性思维。同时，评课具有沟通学校领导与教师之间的关系，融洽师生之间感情的作用。

九、科研作用

通过评课，可以帮助教师认识教学规律，掌握先进的教学经验和教学方法。普普通通的课堂教学活动，其中包含着许许多多的规律，教师的教与学生的学、教师的讲授与学生的训练、教师的主导作用与学生的主体地位、教师知识传授与学生思想教育、知识的掌握与能力的提高等诸方面都要在课堂教学活动中体现出来。对它们的不同侧重、不同的优化组合，都可以带来不同的教学效果。但是，过去我们对这些没有做到足够的认识，许多教师都在做着违背教学规律的事，仍在用陈旧落后的方法、手段从事着现代教学。

如何使教师认识掌握这些规律，是当前教育科研的一个关键，而评课恰恰是解决这个问题的一条捷径。

评课不仅是一项教学活动，还是一项教育科研活动。它是教学实践与教学理论的纽带，通过评课既可以检验教学理论的优劣，评价实践的利弊，又可以把实践中获得宝贵经验形成新的教育理论。在评课中，教师可以学习吸收大量的教学理论、经验和先进的教改信息，在实际教学中加以运用，也可以把自己在教学中积累的经验概括形成理论。如此反复，教师的教学业务水平一定会有大的提高。

通过上面的分析可以看出，评课具有多重的作用。在评课时，各种作用总是综合起作用的，不能把它们截然分开。此外，也应该注意到各种作用都有两面性，只有良好的评课，才会产生积极的作用，反之则会带来消极的影响。同时，评课的作用不能过分夸大，因为课堂教学好的效果的获得产生于合理、科学组织的教学，而不仅仅产生于评课。总之，评课是集管理调控、诊断指导、鉴定激励，沟通反馈及科研为一体，是研究课堂教学最直接、最具体、最有效的一种方法和手段。

第十四章　评课的原则

“原则”一词可以解释为“说话或行事所依据的法则或标准”，如原则性、原则问题，坚持原则、基本原则等。

原则是言论和行动所必须遵循的准则，它既是客观发展规律的反映，又是一种社会的约定俗成。评课的原则是进行评课活动时评价者必须遵循的基本准则和指导思想。它是根据评课活动过程中的客观规律的评价目的来确定的，反映了课堂教学的客观规律和人们对课堂教学的客观认识。在进行评课的过程中，只有很好地掌握、贯彻评课的原则，自觉地按评价的根本目的和客观规律开展评价工作，才能有效地实施科学、客观的评价，提高评课的质量。

一、导向性原则

导向性原则是指评课要对课堂教学起到指导和牵引作用。评课时要根据现阶段教育教学的发展方向和要求，从教学过程中所体现的教育思想、教学原则、教学理念等潜隐层面去发现、点拨和引领，充分肯定课堂教学中的成功经验，并提出改进的建议，做到“优点要说足，给人以鼓励；问题要说透，给人以启迪”。

遵循导向性原则，首先，应充分认清评课的目的是改进课堂教学，其最终目的是检测课堂教学能否达到核心素养下的各项目标要求。而制定评定标准、标准的权重系数、评价过程，以及评价的结果的分析反馈，是评价工作中体现其方向性的核心内容。因为不同的评价标准是由不同的教育思想所制约的，而在实际中，它又具有直接的导向作用。其次，还应注意到，评课的方向应该对课堂教学的改革具有直接的导向作用，在实际评价中，评价者应在核心素养对课堂教学各项要求的指导下，充分肯定课堂教学中的先进经验，从而促进课堂教学朝着规范化的方向发展。

二、客观性原则

评课的客观性原则，广义地讲，就是指要求评价尊重客观现实，以正确的资料为依据，对教育活动进行科学的价值判断；狭义地讲，就是要从具体事实出发，评价时，记分、分等级或做结论要做到客观。

追溯评课的历史，不难发现，评价正是由探讨其客观性而展开的。

因此，强调评价的客观性，既是当前评课的显著特点，也是评课应遵循的一项重要原则。

遵循客观性原则，首先，应注意要求评价标准符合课堂教学的要求，符合教学客观实际的要求，要求评价者以收集全面、系统、准确、真实的信息资料为基础；其次，应注意评价者必须按照评价标准来客观地评价对象，既不能因考虑照顾某些评价对象而擅自修改既定的标准，也不能因有意排斥某些评价对象而提高标准；最后，评价者要努力避免、克服主观随意性，在评价过程中，要积极采取相应的措施，防止一些不良的心理效应影响评价过程及评价结果。如果评价是客观的，可以更好地发挥其激励作用，使评价对象信心增强；如果评价掺杂偏见、个人感情等主观因素，就会挫伤评价对象的积极性，造成评价者与评价对象双方心理平衡失调，影响评价的效果。

三、科学性原则

教学是一门科学，它有其内在的规律。评课时应反对主观臆断、违背科学的做法，要以教育学、心理学、统计学的理论为基础，使评价结果科学可靠。一是审视教师的课堂教学内容选择是不是符合科学性要求；二是审视教师的课堂教学方法是否具有科学性。评课者应运用先进的教育教学理论，解剖教师课堂教学的内容、教学方法和课堂组织形式，并根据课程、教材、学生学习实际需要等内容，对教师的授课行为做出评价。通过评课，使执教者开启思路，悟出教学的真谛。

遵循科学性原则，首先，应注意不过分强调量化，虽然在评课中要尽可能对获取的信息进行量化，但由于课堂教学是一项复杂的教学活动，完全对它进行定量的评价，还是难以办到的。其次，应注意，对于课堂教学来说，在评价过程中必须遵循科学性原则。只有依据课程标准、教材、社会需要和学生身心发展规律制定出来的评价标准才是科学的，才能充分调动评价对象的积极性。从而使评价活动走上科学的令人信服的轨道。

四、实事求是原则

实事求是就是客观公正，也就是在评课过程中，要求评课者用一把尺子、一个标准去评价教师的课堂教学过程，以课堂的实际情况为基础，以科学的理论为依据，不涉及人情世故等其他外在因素，不能因为顾及面子、情绪等其他因素而该说的不说、该点的不点。在评议中既不能吹毛求疵，也不能夸大其词，只说好话、官话、套话。不能掩盖问题或蜻蜓点水。要用一分为二的观点进行评析，要看到执教者的长处，不能将其说得一无是处，做到一是一，二是二，实事求是。

五、兼顾整体原则

评课者应树立整体意识，坚持在评课中把点和面、局部和整体结合起来。不要孤立地评议一节课，要考虑这节课的内容与前后内容的关系，将这节课放到学期教学这个大背景下进行评议，只有这样才能真正理解教学设计者的意图、思路和方法，才能在评议时做到有的放矢、有理有据。

当前，在评课中常常出现两种错误倾向：一是只注意到了一节课的整体分析，而忽略对局部的分析，如只分析课堂结构而忽略对教学方法的分析；二是孤立地对局部进行评价，如孤立地评价教学手段而忽略对教学效果的考察，孤立地对待评价结果而忽略对教学过程的考察等。因此，评价者应注意树立整体意识，坚持在评价中，把点和面、局部和整体有机结合起来。

遵循兼顾整体原则，首先，应注重评价标准的全面性，在针对评价内容制定其评价标准时，要尽力反映目标所包含、覆盖的全部内容，如果不全面考虑评价标准的全面性，其评价结果就会令人产生怀疑。其次，还应注重评价过程信息收集的全面性，即评价一位教师课堂教学的优与劣，既要看当前所听的课，还要看他平时的课，既要看上课的效果，还要看教学的成效，避免从某一方面来给课堂教学下结论的片面做法。最后，还应注意贯彻全面性原则并不是对评价标准中的各个项目都等量齐观、不分主次，而是应该做到恰如其分、各得其所。

六、激励性原则

在评课过程中，可以从两个方面去激励。一是对讲课教师激励，即“优点谈足，缺点抓准”，要评出特色、点出创新。既要解决存在的问题，又要注意语言的技巧、发言的分寸、评价的方向和火候，以便发挥评课的效用功能，起到调动教师教学、研究的积极性的作用。二是对听课教师激励。一般可以使用这样几种激励方法：目标激励，给教师提出一个教学研究的目标；榜样激励，为教师树立一个教学典型；信息激励，为教师提供教改信息。

评课的激励性原则，就是评价者利用某种因素，激发评价对象内部产生某种需要，有利于调动评价对象的积极性。我们评价的目的是通过评价互相学习、共同提高，促进各评价对象把工作做得更好。因此，在制定评价标准时，要坚持从评价对象的实际出发，不过高也不过低，使大多数评价对象都能通过努力做得到。

遵循激励性原则，首先，应注意到评价者科学艺术的评价能激发评价对象的积极性。尤其是对于一些青年教师，如有几次成功的课得到恰当的评价和鼓励，那么这些评价可能会是他们今后成为教学能手的直接动力因素。其次，应注意评价标准的制定要有一定的弹性，通过评价使评价对象不仅认识到自己的教学水平及教学中存在的问题，而且能进一步增强信心和进取意识。其次，应注意运用激励的导向作用，充分发挥评课的横向比较作用，达到评一节课促进多堂课，评一个人的课激励一批人，评一个学科推动多个学科。最后，还应注意到激励的方法有很多，如给评价对象提出一个课堂教学改革及研究目标的目标激励法；为评价对象树立一个课堂教学典型的榜样激励法；抓住评价对象课堂教学成功之处鼓励的闪光点激励法；为评价对象提供教学改革研究信息的信息激励法。

总之，评课对于开阔评价对象的视野，激励他们上进，发展他们的教学能力，有着极为重要的作用。

七、差异性原则

评课的差异性原则，就是要求评价者在评价过程中，根据评价对象的不同、课堂教学的要求不同，评价标准的侧重点也应有所不同。它的实施贯彻必须以客观性原则为基础。

如果离开评价的客观性，差异性就会变成无本之木，无源之水，甚至会给教学带来负面影响。其一，由于差异性原则没有客观标准，也不能与其他评价对象进行比较，所以会使评价对象自我感觉良好，产生自满情绪；其二，由于差异性原则没有客观标准，没有外部的参照点进行对照，所以很难令人信服。

在评课过程中要看到以下几点差异。一是看课型的差异。针对不同的课型，应采用不同的评价标准，不能用同一评价标准来评价不同课型的课。二是要看教师的差异。评课者要针对不同的教师，要求不同，采用不同的评价。千篇一律，千人一法，难以得到实效。三是要看到学校和学生的差异。一般情况下，课堂教学内容和课堂教学形式的选择，是基于对学情的分析，也就是说，教师要依据所教班级的教学对象去确立课堂教学内容和课堂教学形式，评价者应通过观察学生在课堂上的表现和课堂教学效果去评价，在评价中也应因学生不同做出不同的评价。

遵循差异性原则，首先，应注意评价对象的不同，如针对不同层次的教师，评价的标准就应有所侧重，新教师应着重评价其是否达到上课的基本要求；一般教师应着重评价其是否全面达到教学基本功要求；胜任教师应着重评价其是否有课堂教学结构改革和教法改革。其次，还应注意对于不同的课，因为目的不同，评价也应有所差异，如对改革实验课，应把重点放在研究上，力求围绕教学改革，畅所欲言，充分肯定其经验、成绩，认真分析其存在的不足，切实提出改进措施；对评优课，应采取统一标准，从严要求，在对比分析中评优，在评优中总结教学经验，推动教学改革的发展；对检查课，应实事求是，成绩说够，不足讲透，在考虑教师心理承受力的基础上，做到以理服人，以知导人。

八、正确归因原则

评价是为了改进，评价者在指出问题的同时还要帮助教师找出造成这些问题的原因以及改进的方法。要通过评价帮助教师转变教学理念、改进教学方法、优化教学手段，从而促进教师的发展。

从教师采用的课堂教学方式来看，自古就有教无定法之论，教师一节课的课堂教学行为，也只是这位教师整体课堂教学行为表现的一个组成部分，评价者应该从课堂的即时效果角度去评价的课堂教学组织形式，而不能依据经验或定论轻易判定教师的课堂教学组织形式的优劣。

九、可行性原则

评课的可行性原则，应主要体现在评价指导思想和评价目标切合实际、评价对象之间的可比性、评价标准的简明可测性、评价工作的简易性。评价结论要求不宜过高，它在一定程度上将决定评课能否在更大的范围开展起来。评课虽然受制于各种条件，如时间、空间、对象等，但我们强调的可行性，就是要求评价基于这些条件应该是切实可行的，如果不可行，那评价就只是坐而论道的空谈。

遵循可行性原则，首先，就要考虑保证评价目标既符合统一要求又符合评价对象的总体状况，既不能要求过高，也不能姑息迁就。如果不切合实际，或高不可攀或唾手可得，都难以施测，难以激发评价对象的积极性，达不到评价的目的。其次，还要考虑到正确处理评价标准的科学性与可行性矛盾。提出的评价标准，都要具有充分的科学依据，每个评价项目，都要有独立精确的科学含义，使其具有可靠性、可信度。当然，在评价过程中有时也会遇到科学性与可行性难以兼顾的情况，如有人试图用数学统计中的主成分分析法求出每个评价项目之间的相关度，舍去相关度大的项目，使每个评价项目具有较大的独立性，但这样又使评价失去了具体性，而且计算繁杂，难以实施。这种情况，可考虑适当降低科学性要求，以保证其可行性。最后，不能忽视评价计量方法的选用，必须力求简便、易应用、易推广。

十、诊断性原则

综观评课的全过程，始终包含诊断的因素，而评价的过程就是一个诊断的过程。评课的诊断性原则，就是要求评价者依据评价的目标及评价的标准，对评价对象有关信息进行具体分析，做出科学的诊断，分清评价结果的优劣，以促进今后课堂教学的正常进行。

所谓“诊断”，就是在教学活动中，检查教学活动某一状态是否正常，并为下一步工作提供相应措施，从而保证教学活动的顺利进行。

遵循诊断性原则，首先，应注意诊断是为了治疗，医生的医疗活动是以治愈为目标，评课活动与医疗活动的目的类似，评价者作为评价主体，运用有效的评价技术，对照评课标准，对评价对象做出客观的判断，肯定成绩，找出问题，采取措施，改进教学工作，从而提高课堂教学的质量，这也正是评价的目的所在。其次，在评课中，诊断性是不可缺少的，起着保证措施的作用。“诊断”不仅是发现、指出存在的各种问题和缺点，而且具有对各种优点加以确认的作用。最后，应注意在评价过程中，掌握评价对象的基础，发现评价对象存在的问题及产生问题的原因，帮助其排除影响教学活动的障碍，确定今后努力的方向和措施，以保证教学活动的顺利进行。

总而言之，评课是一项十分有研究价值的课改研究课题，它也具有一种艺术化的说服能力。我们作为一线的课改实验者，更应该与时俱进、积极探索，参与到这一课题研究当中来。艺术的追求是无止境的，因此，课堂教学“没有最好，只有更好”，课堂教学也要与时俱进，我们要不断创新，不断适应新的教学理念对课堂教学的要求。美国著名的教育评价学者斯皮尔伯格就教育评价说过一句非常精辟的话：评价的目的不是为了证明，而是为了改进。

第十五章　评课准备

评课要有准备，切忌信口开河。评课的准备工作主要是对听课时所获取的感性材料进行细致的分析综合，使之上升为理性的东西。听课时往往会发现一些问题或经验，评课时要对这些看起来似乎各自独立的问题加以仔细的分析研究，发现它们之间的本质联系，还必须注意揭示那些被表面现象所掩盖着的本质问题。

要评好课，首先要参与到课堂教学之中。听课、评课是互为整体的活动，是研究课堂教学、提高教师教学研究能力的重要方法。要开展好听课、评课活动，需要经历课前准备—课堂聆听、记录—课后反思、评议三个阶段。

一、课前准备阶段

课前准备阶段，包括对数学学科的教学现状和发展要求的了解，以熟悉新的教学理念和理论。熟悉教材，知道执教什么内容，属于哪一册，本册教学内容结构安排情况如何，本单元的教学目标是什么；了解本节课教材的来龙去脉，教学的重难点；了解授课的教师和学生。

俗话说，留心天下皆学问。要想从听课中真正学到东西，就必须做一个听课的有心人。如果听课不做准备，匆忙走进教室，懵懵懂懂地听，不了解执教者和学生情况，不熟悉教材，就不会有令人满意的收获。

二、课堂教学阶段

课堂教学是评课的依据，听课教师应该集中精力，坚持做到“四到”：“耳到”——仔细聆听师生对话；“眼到”——认真观察教师教态、表情、肢体语言、板书、所用教具及学生反应与表现；“心到”——边听边认真思考；“手到”——记录教学流程、重点、难点、板书、师生交流情况、教学

“亮点”及自己触景生情碰撞出的“火花”。当然，我们不可能面面俱到，但主要做好以下两点。

（一）不仅要关注教师的教，更要关注学生的学

根据现代教学理论，教学是涉及教师与学生双边的活动。因此，作为听课者，在听课时，不仅要关注教师的教的活动，更要关注学生的学习活动。

对于教师的教，听课重点应该放在课堂教学确定怎样的目标，目标达成采用何种方式呈现；如何引导学生复习回顾，回顾什么；新课如何导入，包括导入时引导学生参与哪些活动；创设怎样的教学情境，采取了哪些教学手段；设计哪些问题让学生进行探究、如何探究（设计活动步骤）；设计怎样的问题或情景引导学生对新课内容和已有的知识进行整合；安排哪些练习让学生动手练，使所学知识得以迁移、巩固和发展；课堂教学氛围如何；等等。

对于学生的学习活动，听课者应该关注学生是否在教师的引导下积极参与到学习活动中；在学习活动中学生经常做出怎样的情绪反应；学生是否乐于参与思考、讨论、争辩、动手操作；学生是否经常积极主动地提出问题；等等。

（二）把自己定位在教学活动的参与者、组织者，而不是旁观者

听课只有融入教学活动的过程中，才能理解教师的教学意图，才能发现学生的学习动因。如果听课者把自己当作课堂教学的旁观者，课前无充分准备，听课过程中忽视学生的课堂活动，不重视收集学生在课堂上反馈的信息，就无法获取学生全面的、真实的课堂表现。只有有“备”而听并参与到教学活动中，和授课教师一起参与课堂教学活动的组织（主要是指听课者“参与”学习活动的组织、辅导、答疑和交流），尽可能以学生的身份（模拟学生的思路、知识水平和认知方式）参与到学习活动中，才能获取第一手材料，从而为客观、公正、全面地评价一节课奠定基础，也只有这样，才能有话可说。

三、课后反思阶段

听完课后，如果有机会的话，先了解一下学生的想法和意见，听听学生有什么反应；看看自己的听课笔记，初步思考执教者的教学得失；从自己的角度出发，对执教者的整体教学情况、过程及效果进行思考与评价；关注执教者教学设计思路陈述及对教学实际效果的自评；听听别人的评价意见，在此基础上形成自己的评课提纲。当然，应该把学生的发展状况作为评课的基点。教学的本质是学习活动，其根本目的在于促进学生的发展。因此，学生学习活动的结果势必成为评价课堂教学好与坏、优与劣、成功与否的关键要素。学生在学习活动过程中，如果思维得到激发、学业水平得到充分（或较大程度）提高、学习兴趣得到充分（或较大程度）激发并产生持续的学习欲望，则可以认为这就是一堂很好的课。

在评课前要认真思考并做好以下三个方面的工作。

（一）厘清评课重点

经过认真的课前准备、认真地听课并认真详细地做记录，相信评课者在评课前已经掌握了关于本节课非常全面的信息，这个信息量是非常大的。在评课前最后要做的重要工作就是合理适当地取舍，该评什么、能评什么就保留什么，没有大价值的东西可以大胆地舍弃，而有价值的东西要留下来精心设计。

（二）安排评课内容次序

经过取舍之后，评课内容也不是一句话就能说完的，要评议的方面往往有多个，这就要巧妙安排评课内容次序，一般可以按照问题在授课过程中出现的前后来安排顺序，也可以按照先优点后缺点的顺序，还可以按照评课内容的重要程度安排顺序。

（三）构思组织语言

评课要构思组织评课用语，保证条理清晰，有一定的语言风格。比如，有的人评课语言朴实自然，给人一种平易近人的感觉；有的人旁征博引，气势雄浑；有的人用语轻松幽默且不失实效性。总之，彰显个人风格的评课语言不但具有更强的指导意义，更给人一种美的享受。此外，还有最重要的一点是，要注意自己的表达方式。评课是教师互相学习、取长补短的主要方式之一。这要求我们在评课时有各种不同意见，要充分发表各自的独特见解。但不恰当的表达可能使学习促进变成了相互攻击和嘲讽，所以一定要充分考虑所有听众的感受，让自己的评课语言精准得当、深刻透彻又易于被接受。

第十六章　评课的内容

一、评教学思想

课堂教学是教师教学思想、教学态度、教学能力和教学艺术的综合体现，而教学思想是否正确又是最为关键的，因为教师的教学思想（通俗地说，就是教师的教学观念，教师对教学的认识或对教学的主张）指导着教师的教学行为。教学方案的制订、教学内容的确定、教学方法的选择、教学手段的运用、教学过程的实施，通常都是由教师的教学思想所决定的。一位教师如果思想上认为教学就是为了让学生取得高分，为了让学生考入好学校，那么他就必定只对尖子生感兴趣，其教学不可能面向全体学生；教师如果在思想上认为，教师讲、学生听自古以来就是如此，那么在教学中他就必定采取注入式、满堂灌的教学。所以，教师的教学思想是否正确，将直接影响着课堂教学的效率。因此，评价一节课，首先就是要看教师的教学思想是否正确，是否符合素质教育的要求。

怎样才叫教学思想正确呢?

正确的教学思想，就是要根据素质教育的要求，树立起面向全体学生，对每一位学生负责的思想（全体性）；树立起使学生德智体美劳和谐全面发展的思想（全面性）；树立起让学生积极主动、生动活泼地发展的思想（主动性）。

（一）全体性

要面向全体学生，就要在思想观念上确信每一位学生都有成功的愿望和实现成功的潜能。“素质教育是人人都能成功的教育”“素质教育是不相信有差生的教育”。但面向全体不等于不承认差异，学生的差异是客观存在的，对这种差异我们不能把它看作一种累赘，而应把它看作一种可开发的教育资源。在教学中，教师要针对学生的实际差异，因材施教，采取“分层要求、分类推进”的方法，使各种层次的学生都能在原有基础上学有所得、学有所长。要做到这一点，教师就要十分了解学生，了解课程标准与教材的要求，做到目中有人、心中有数、腹中有本、胸中有纲、手中有法、脑中有式。教师在教学目标的制定、内容的确定、方法的选择、形式的综合、手段的运用、问题的提出、作业练习的设计，乃至教学辅导的安排、作业试卷的批改与讲评等方面都要设身处地地为每一位学生着想，特别要为困难学生多着想，该提问时就提问，该鼓励时就鼓励，该帮助时就帮助，该面批作业时就面批，使这些学生真正享受到教育的公平，让这些学生能在课堂上抬起头来学习。

（二）全面性

要使学生全面发展，首先，要树立起正确的人才观。素质教育的根本目的就是要全面提高和发展所有学生的各种素质，“不求人人升学，但求个个成才”是素质教育所追求的最高境界。只有全面发展的人，才是对社会有用的人。有的人本事很大，业务水平很高，但是没有正确的人生观、世界观、价值观，道德修养差，甚至利用自己的本事干坏事，这种人不能认为是好人才；只会读书本知识，不会解决实际问题，不会动手操作的人，也不能认为是好人才；思想再好，水平再高，但身体不好，干不了工作的人，也不能认为是好人才；各方面都不错，但心理素质差也不行，各种关系处理不好，成天怀疑别人，心胸狭窄，抗挫能力差的人也不是好人才。所以只有全面发展、思想健康、思路宽广、知识渊博、心理承受能力强，有组织实践能力、有创新精神的人，才能对社会做出较大贡献，才叫素质高的人才。其次，在课堂教学中，要深挖教材的教育因素，做到：①寓德育于学科教学之中，教会学生做人；②扎实打好“双基”，教会学生主动获取知识，学活知识；③着力培养学生的学习能力、创新能力和实践能力；④重视学生身体素质的提高，做到不拖堂、不布置过重的作业，指导学生正确的坐姿、写姿，指导学生注意用眼卫生、科学发音等；⑤多让学生参与一些动手操作的活动；⑥对学生进行心理健康的教育。

（三）主动性

要让学生主动地、生动活泼地发展。首先，要充分地确立起学生在教学活动中的主体地位。教学过程中教师的作用在于在“导”字上下功夫（如导趣、导学、导思、导疑、导法、导结、导创）。教师在课堂上绝不能包办代替，而是要充分地调动学生学习的积极性、主动性和独立性，引导学生积极参与教学过程。其次，在教学过程中，教师要努力做到以下几点。①唤醒学生的主体意识，不断增强学生的主体意识，破除学生依赖教师的思想。学生主体意识的觉醒，就意味着学生主体性充分发展的开始。要告诉学生，学习要靠自己，别人是代替不了的。②发展学生的主体能力，即教会学生会学习、会思考，教会学生敢于进而善于发现问题、提出问题、分析问题和解决问题。③塑造学生的主体人格。要相信学生、热爱学生、尊重学生，创造条件，鼓励学生敢于发表不同意见，敢于标新立异，敢于质疑问难，敢于对课本上写的、权威说的、教师讲的说出自己的见解。

二、评教学目标

教学目标是选择教法的依据、引导学习的指南、实施检测的标准。教学目标是教学的出发点和归宿，它的制定和达成情况，是衡量一节课好坏的主要尺度。所以，评课首先要评教学目标。

从教学目标的制定来看，要看其是否全面、具体、适宜。全面是指能从课堂教学的三维目标等几个方面确定教学目标；具体是指三维目标的达成可操作性强，体现学科特点；适宜是指确定的教学目标，能以课程标准为依据，体现学段、年级、单元教材的特点，符合学生年龄实际和认知规律，难易适度。从目标达成来看，要看教学目标是不是明确地体现在每一个教学环节中，教学手段是否都紧密地围绕目标，为实现目标服务。具体体现在以下几点。

（1）对课程标准、教材的把握是否准确，对学生学情的分析是否得当。

（2）对教学的任务、目标的确定是否科学、适宜。

（3）教学活动的设计是否使知识与技能、过程与方法、情感态度与价值观和谐并进。

评课时，要看教师是否有全局性观念，是否能对教学目标的三个维度进行整体思考。当然，三维目标是课程目标体系，并不是说每堂课都需要确定三个维度的目标，具体每堂课需要达到什么样的目标，是由课堂教学内容来决定的，不同的教学内容和课型有不同的教学重点，能够落实的教学目标也会有所不同。同时，这三个维度的目标并不是孤立的，而是相互联系的。

三、评教法选择

采用教学方法是为了完成一定的教学任务，师生双方在教学活动中采用的手段或策略，既包括教师教的方法，也包括学生学的方法。教学方法是为实现教学目的服务的，所以教学方法选择得是否恰当，直接关系到课堂教学效率的高低。那么，怎样才叫恰当呢？可以从以下几个方面来判断。

（一）教法选择是否符合教学改革方向

当前的教学改革非常强调培养学生的自学能力，培养学生的创新精神和实践能力，培养学生积极主动地参与教学过程。因此，教学方法的选择要做到以下几个“有利于”：①有利于学生学习积极性、主动性的调动和主体地位的落实；②有利于学生良好学习习惯的形成和学习能力的培养；③有利于学生个性特长的充分发挥；④有利于学生创新精神和实践能力的培养；⑤有利于学生核心素养等全面发展。

（二）教法选择的依据是否科学合理

一般来说，教师选择教学方法应从以下几个方面考虑。

1. 要根据教学任务来选择

如果教学任务主要是让学生获得新知识，那么选择讲授法、发现法等较为合适；如果教学的任务以培养学生的技能技巧为主，那么选择练习法、小组合作、讨论法等较合适；如果教学任务以培养学生的自学能力为主，那么选择自学辅导法、读书指导法等较合适；如果教学的任务是以让学生掌握一些现象、观念获取感性认识为主，那么选择演示法、谈话法、参观法等较合适；如果教学任务以培养学生思维能力发展智力为主，那么选择发现法、尝试法、讨论法等方法比较合适；如果教学任务以复习巩固旧知识为主，那么选择谈话法、讲授法较合适。在一节课内，如果要完成多项任务或有些任务需要几种方法同时应用才能完成，这时就应该综合选用多种方法，或以一种方法为主，配合应用其他方法。

2. 要根据学科性质来选择

学科的性质不同，要求的教学方法也不一样。一般来说，文科类的语文、外语、政治等多采用讲授法和读书指导法；自然科学类的数学、物理、化学、生物等多采用讲练结合、精讲多练和实践操作（包括实验）的方法。学科教学过程的某一阶段，随着教学具体内容的不同，也应采取不同的教学方法与之相适应。

3. 要根据教学内容特点来选择

叙述事实的内容，一般采用论述法或读书指导法；理论性强的内容一般选择讲解法；科普性内容一般选择演示法、实验法、参观法等；艺术性强的内容则多用欣赏法。

4. 要根据教学过程的不同阶段来选择

一节课的开始可选择谈话法。新授阶段可采用讲授法、讨论法、发现法、尝试法、实验法等。巩固阶段可选用练习法、总结法等。

5. 要根据学生的年龄特征来选择

中学与小学所采用的教学方法应有所区别。较小年龄的学生宜采用生动形象的讲述法、尝试法、观察法及问答法等；年龄较大的学生有一定的逻辑思维能力，可采用严密的讲解法、讨论法、发现法、探索法等。同是中学，初中和高中选择的教学方法也不一样，即使采用相同的方法，如物理、化学教学中采用的实验法，具体运用上也应有所区别。

6. 要根据教师本人的素质条件来选择

有的教学方法虽好，但如果教师缺乏必要的素养，自己驾驭不了仍然不能取得好的教学效果。例如，运用谈话法和讨论法，教师本人应对教材内容有透彻的理解，这样就能从不同角度，积极思维。如果教师没有扎实的功底，谈话法、讨论法就很难运用好，弄得不好还会乱堂。有的教师语言生动形象，幽默有趣，讲话逻辑性强，则可多采用一些讲述法和讲解法；有的教师善于绘画、制作，则可多采用一些直观形象的教具教学。总之，教师应努力提高自身素质，发挥个人优势，扬长避短，选择适合自己的教学方法。

7. 要从学校的实际情况来选择

不同学校的教学环境、教学设备、师资水平、班级特点、学生素质都不同，教学方法的选择自然也应有所差异。例如，有的学校电教手段和实验设备较少，进行实验有困难，就采用图示的方法，甚至只好以语言讲解代替；有的班级学困生较多，多用讲解法和辅导法，有的班级学生学习水平差异较大，则可采用分层递进教学法。

8. 教学有法，但无定法，贵在得法

这是很有道理的，教学方法的选择不能机械死板地去硬套，而要因文而异，因学生而异，因教师而异，因条件而异。因为每一种具体的教学方法都有它自己独特的性能、适用范围和条件。从来没有一种或几种教学方法是最优的，是适用于一切范围和条件的。任何教学方法都是相对的，并且是在不断发展的。教师在选择教学方法之前，要认真钻研教材，掌握教材的特点，深入地了解学生的学习基础、智能水平，掌握各种教学方法的特点、适用范围与条件，既要遵循一定的原则与标准，又要灵活地、创造性地去实践、去发挥，从而形成自己的教学风格。

四、评学法指导

当今社会，科学技术日新月异，知识更新过程急速加快，一个人在校所学的知识再多也赶不上新科学技术的发展速度。因此，在校期间教会学生"会学"比教会学生"学会"更加重要。在课堂教学中，如果忽视学法，教法就会失去针对性，降低实效性。可以说，没有学法的教法是不完善的。评价一节课在学法指导方面是否到位，可以从以下几个方面考虑。

（一）学法指导的目的要求是否明确

学法指导的目的就是帮助学生认识学习规律，端正学习动机，激发学习兴趣，掌握科学的学习方法，养成良好的学习习惯，培养优秀的学习心理与品质，逐步提高学习能力，有效提高学习效率。

学法指导要具有针对性、操作性和系统性。为此，要做好以下几个环节。

1. 指导学生养成良好的学习习惯与心理状态

例如，养成高度集中注意力，不因外物分心的习惯；养成心平气和耐心学习、不畏困难的习惯；养成珍惜时间，不拖延、不浪费时间的习惯。要指导学生预防与排除学习心理障碍。

2. 指导学生学会拟订学习计划

使学生会合理科学地安排和支配时间。学期、每个月、每周、每天都必须有一个切实可行的学习计划，从而减少盲目性，提高学习的效率。

3. 指导学生掌握具体的学习方法

例如，怎样课前预习、怎样课后复习、怎样课堂听讲、怎样做单元小结、怎样记笔记、怎样做作业、怎样应考、怎样用好课本、怎样记忆、怎样观察、怎样阅读课文、怎样选用课外参考书、怎样积累资料等的方法。

4. 指导学生掌握使用工具书与查找参考资料的方法

例如，会使用字典、手册、百科全书、地图、挂图，会在图书馆查图书目录、找参考资料，会利用书本上的索引、目录、附录、挂图等收集参考资料。

（二）学法指导的内容是否熟悉，是否付诸实施

学法指导的内容有以下几个方面。

1. 创设良好学习环境的指导

良好学习环境包括学校和家庭中的硬环境（物理环境，如光线、噪声、温度、教室布置等符合卫生标准）和软环境（人际环境，如师生关系、同学关系、父母与子女关系民主、平等、和谐）。

2. 运用学习条件的指导

例如，图书、资料、设施、设备等的运用指导。

3. 心理调节方法（非智力因素）的指导

心理调节方法指导包括学习动机、学习兴趣、学习意志、学习习惯、学习情绪、学习情感、抗挫心理等的指导。

4. 学习各环节的指导

学习各环节的指导包括计划制订、科学安排时间及怎样预习、听课、记笔记、复习、作业、小结、考试，怎样使用工具书、积累资料、课外阅读等的指导。

5. 学习能力培养（智力因素）的指导

学习能力培养的指导包括怎样观察、思维、想象、记忆、理解、强化、运用、分析、概括、创造等的指导。

6. 具体学科学习方法的指导

具体学科学习方法指导是指将一般的学习方法应用到具体学科上的指导，如怎样学习英语单词、怎样学好数学概念等的指导。

（三）学法指导的基本模式是否运用自如

学法指导的基本模式有以下几种。

1. 课程式

课程式就是通过开设学习方法指导课，向学生系统传授一般的学习方法。它是以学生学习心理、学习过程和认识规律为研究对象，揭示学习本领、学习规律，从而指导学生学习的一门科学。课程式能增强学生对学习方法重要性的认识，可使学生获取较系统的一般的基本学习方法，还可以广泛迁移到各学科学习之中，但这种模式易与各科学习脱节，方法不够具体，目前还没有一种比较统一的教材。

2. 讲座式

讲座式就是在宏观上对学生进行学法指导，如怎样记忆英语单词、怎样学好概念、怎样掌握公式、怎样科学用脑、怎样应试等。讲座式更具有针对性和实用性，但在进行具体指导时要做到主题鲜明，结合实际讲深讲透，便于学生操作和运用。

3. 渗透式

渗透式就是在各科教学和课外活动中，教师在讲解知识与技能的同时，也讲解学习这些特定知识与技能的特定方法。渗透式比较实用，对学生学习具体的知识内容很有效，从而被广大教师所采用。但它也有一定的局限性，不能使学生形成系统的学习技能。

4. 讲授式

讲授式就是对许多知识、规律和方法，教师直截了当地告诉学生照法实践。例如，指导分段，有按时间为序的分段法、有按空间为序的分段法、有按事情发展为序的分段法、有按事物类别为序的分段法。教师应向学生具体介绍，指导学生在分段训练中对号入座，以逐步形成技能。

5. 治疗式

治疗式就是根据学生在学习上存在的实际问题有针对性地加以治疗。治疗式针对性强，适应学生的个别差异，特别适用于对学困生的个别指导。其局限性就是指导面小。

6. 交流式

交流式就是让学生现身说法，与同学进行学习方法的经验交流。比如，开主题班会、座谈会、经验介绍会、作品展览会等。交流式有利于学生从同学身上获得符合自己喜好的经验，产生竞争心理。但这种经验交流是零散的、经验式的。

7. 结构式

结构式就是利用单元复习、期中或期末复习的时机，把前一时期学过的学法及时归类，形成“学法链”“学法集”“学法树”或“学法库”整体的学法结构。结构式目标单一，易学、易记，能激发学生学习兴趣。

8. 示范式

示范式就是当有的学法只靠教师讲授解决不了问题时，需要教师做出示范，学生才能效仿。例如，指导学生感情朗读，有关速度、停顿、语气等朗读方法，教师可在讲授的基础上作出示范，然后让学生模仿训练。

9. 对比式

对比式就是将两种正反方法进行对比指导，让学生明辨择用。例如，背诵，一种是死背法，逐字逐句死记硬背，用时多，收效低；另一种是活背法，有仿照文章结构记忆背诵、有化整为零再化零为整背诵、有借助想象记忆背诵等。两种背法同时交给学生实践检验，方法不同，效果两样。

10. 歌诀法

歌诀法就是教师指导学生将一些知识内容要点编成歌诀或顺口溜。因为歌诀、顺口溜节奏鲜明，顿挫有致，朗朗上口，化繁为简，变乱为序，便于记忆。例如，各月份天数歌谣记忆法："一三五七八十腊，三十一天永不差。四六九冬三十整，平年二月二十八，闰年二月把一加。"编歌诀要达到简化、序化、韵化，否则就失去了意义，还会影响记忆。

学法指导模式远不止以上十种，每位教师都可以结合自身经验和学生特点创造出更多丰富多彩、行之有效的学法指导模式。

（四）评能力培养

课堂教学重视培养学生的能力是现代教学对每位教师提出的基本要求。在多种能力的培养中又要以培养学生的学习能力与创新能力为重点。课堂上创新能力的培养是否真正得到落实，可以从以下两个方面去把握。

1. 是否了解创新能力的含义

创新能力，指的是创新思维能力和创新实践能力。创新思维是在创新欲望和热情驱动下的创造性思维活动。其主要特征是独立性、灵活性、求异性、发散性以及敏锐的观察力和丰富的想象力。创新实践能力是指保证创新活动顺利进行，以实现创新目标的一种综合能力，其主要构成有独立获取知识的能力，收集处理信息的能力，发现、分析和解决问题的能力，动手操作能力，表达和表现能力，掌握和运用创新技法的能力，等等。创新能力是创新的本质力量之所在。当然，创新能力的培养也是有层次性的。对中小学生而言，不可能要求他们具有很强的创新能力或有什么重大的发明创造，但我们可以培养他们创造性地学习和创新意识。这种意识要从小培养，使他们从小就有一种探索精神，凡事会问个为什么。从小有了这种探索精神，长大了掌握的知识丰富了，他们就能在事业上有所创新。

2. 教学过程中是否能有意识地培养学生的创新能力

要培养学生的创新能力，首先要发展学生的思维能力，特别是探索新知识、新方法的创造性思维能力。教学过程中，教师要努力做到以下几点。①要为学生创设有利于创造力发挥的良好氛围，要创设问题情境，强化问题意识，精心设置疑问引起悬念，激发学生强烈的求知欲望。②要注意发掘学生创新意识的某些因素和特点，并积极加以培植、引导、鼓励，使其创造力得到充分的发展，如新奇独特、超越传统的认识事物的方式，别出心裁考虑问题的方法，从特异的角度观察问题、提出问题等。③要鼓励学生敢于独立思考，敢于探索，敢于质疑，敢于寻根究底，敢于七嘴八舌，敢于标新立异，敢于对老师讲的、课本上写的、专家权威说的提出不同的看法，教师不要随意地否定、粗暴地干涉。④要鼓励学生敢于幻想、猜想、联想，进而引导学生善于幻想、猜想、联想。教师要善于点拨、激发学生联想，讲课要富有启发性、对比性，语言要生动，情感要丰富。⑤要鼓励学生善于观察，把眼睛训练得“有望远镜和显微镜的功能”，做到见常人所未见，识常人所未识。教师要为学生创造良好的观察条件，激发学生观察的兴趣，培养学生良好的观察习惯和心理品质。⑥要培养学生良好的思维习惯，教给学生良好的思维方法，使学生养成良好的思维品质，从而教会学生从多方面思考问题，多角度地解决问题，不断增强创新意识，发展创造才能。

五、评教学过程

教学过程是师生共同实践、动态生成的过程。教学过程包括教师教的活动和学生学的活动。教和学是不可分割的整体，是同一个过程的两个方面。它体现了教师处理教材的思想、方法，反映了教师的课程观、教学观和学生观。从教学思路、课堂教学结构和动态生成的教学内容等方面进行评课，需要关注以下几点。

（1）教材处理是否科学、有效、有创新，教法设计、学法指导是否优选活用；

（2）学生的主动性、探究性发挥得如何，学生的自我监控和反思能力是否注意培养；

（3）学生的思维是否被激活，是否给学生的知识建构提供学习材料、时间及空间上的保障；

（4）教师与学生、学生与学生之间是否保持积极有效的互动。

六、评教学效果

分析一节课，既要分析教学过程和教学方法，又要分析教学效果。

教学效果即教学内容的完成程度、学生对知识的掌握程度、学生能力的形成程度、学生主动性学习的程度、学生思维的发展程度、学生养成的行为习惯程度。具体表现在以下几点。

（1）学生受益面是否较广，学生是否形成了对知识的真正理解，是否是自己主动达成的；

（2）学生的个性是否被重视，智力潜能是否得到发展；

（3）学生是否获得对该学科学习的积极的情感体验；

（4）教师能否正确处理预设与生成的关系。

七、评教学基本功

教学基本功是指教师完成教学工作所必需的技能和技巧。教学基本功是教师上好课的必要条件和保证。教学是一门科学，也是一门艺术，教师好的读、写、讲、示范、操作富有感染力，能引人入胜，甚至给人以美的享受，可以收到寓教于乐的效果。评价教师的教学基本功一般可以考虑以下几个方面的内容。

（一）课堂语言

教师是通过言传身教来传授知识的，教学也是一种语言的艺术，教师的语言有时关系到一节课的成败。没有生动的语言表达，是难以取得良好的教学效果的。评教师的课堂语言，可以从以下几个方面来进行。

1. 课堂语言要准确

只有用词得当、推理严谨、逻辑缜密、观点明确、表达准确的课堂语言才能把相关专业知识和思想内容完整、系统、准确无误地传递给学生，才有助于学生对知识的正确理解。教师在教学过程中的设疑答难、讲述解释、分析推理、总结归纳用语，以及导入语、过渡语、讲述语、总结语等不同语体，必须力求准确。

2. 课堂语言要规范

课堂语言的规范性是通过对书面语言的活化运用和对日常语言的深度加

工来实现的。课堂语言应该是严谨的书面语言和生动的口头语言的统一，具有高度的科学性、思想性、逻辑性和条理性。

3. 课堂语言要简洁

课堂教学必须在计划时间内完成规定的教学任务，并使学生当堂有效地消化吸收知识，这就要求教师在课堂讲授过程中做到语言精当简练。理想的课堂教学的引发语要简短有力，具有强烈的吸引力；结束语要干脆而意味深长，能够留下思考的余地。评课时要看教师的课堂语言是否简洁明快、清晰生动，语气和语调能否给人以明显的轻重缓急和抑扬顿挫之感。

4. 课堂语言要生动

幽默、趣味性的语言和高低适度的语调，强弱适中的音量，快慢适宜的语速，才具有动感，富有感染力，能够创造出丰富多彩的语言情境，形成生动活泼的课堂氛围。评课时要看教师是否善于用含蓄暗示和牵引点化、指点引导的语言，诱导学生随着自己的思路去考虑问题、分析问题和解决问题。

（二）板书设计与书写

板书是教学内容的直观体现，又是强调和突出教学重点的手段和方法。好的板书能够展现教师的教学思路，凝聚教材的精华，具有很强的直观性、逻辑性、概括性和启发性，能提高学生的注意力，有助于培养学生的逻辑推理能力及抽象概括能力。教师精心设计的板书，在课堂上能起到画龙点睛、增强教学效果的作用，能较好地帮助学生理解所学知识，厘清思路，启发思维，加深学生对教学内容的记忆。

1. 板书设计

板书设计要能依标扣本，反映出教学的重要内容，并体现出知识之间的内在联系；板书应设计科学合理，具有艺术性、启迪性、条理性；板书内容要精当，提纲挈领，以简代繁；板书应符合学生的认知规律。

2. 板书书写

板书书写时字体大小要适中，字迹工整美观，书写规范清晰；版面整洁，布局合理；板画娴熟、图文并茂。

（三）教态

教态包括教师的行为举止、眼神表情、服饰衣着等几个方面。教态作为课堂教学的一种辅助手段，如果运用得法，可以产生“此时无声胜有声”的效果。丰富的表情和从容大度的身体姿态，能给学生一种亲切感和优美感，无形中可以增强讲授的感染力。教师优美的手势、和蔼可亲的面部表情和充满神韵的眼神，可以创造出良好的教学环境，产生积极的作用。

心理学研究表明：人的表达靠55%的面部表情+38%的声音+7%的言语。由此可见教师面部表情的重要性。上课时教师面带微笑，亲切自然，能使学生产生轻松愉快的学习心境。

教师的眼睛会说话。在教学过程中，教师用和蔼的目光表示赞许，就会给学生以精神鼓舞，使之体会到成功的愉快；当学生注意力不集中时，教师用暗示的目光表示批评，学生便会心领神会，立即改正。

一位穿着得体、落落大方、行为干练潇洒的教师，很容易使学生产生好感和信任感。因此，教师要注重自己的外在形象。服装应尽可能做到时尚而不奇特，华丽而不失庄重。

教师在课堂上的教态应该是明朗活泼、富有感染力的。理想的教态是仪表端庄，举止从容，态度热情。不过，教态必须符合教学规律和审美标准，若过多地使用缺乏表现力的习惯动作，也会令人感到单调乏味。当然，教师的教态取决于教师的思想情操、师德修养和学识水平，教态的改善有赖于教师自身修养和文化素质的提高。

八、评师生关系

课堂教学本应是师生共同活动的场所，然而传统陈旧的课堂教学，一切由教师主宰，一切由教师说了算，讲台由教师独占，教师的话就是“圣旨”，学生必须无条件听从，谁不听从教师的话，谁在课堂上乱插嘴、乱提问，谁就是不尊重教师。有的教师甚至打骂、体罚或变相体罚学生，造成学生害怕教师，想说不敢说，想做不敢做，压抑心理十分严重，有的师生之间甚至产生对立。课堂上的这种师生不平等、教学不民主必然导致师生关系紧张，在这样的教学环境里是不可能培养出有主动精神、有创新精神的适应现代社会的新型人才来的。课堂上良好的师生关系应该体现在以下几个方面。

（一）充分确立学生在课堂教学活动中的主体地位

传统陈旧的课堂教学，过分强调教师的权威，教师主宰一切，包办一切，把学生当成被动吸收、贮藏知识的容器和仓库，导致学生依赖教师的思想严重，学生学习主体的地位得不到确立。学习的不可替代规律告诉我们：无论是知识经验的获得，还是智力、能力的发展；无论是情感意志的培养，还是思想品德的形成、体质的增强，都必须通过学生自己的积极思考和实践行动，教师是无法替代的。所以，只有承认学生在教学认识活动中的主体地位，只有充分调动和发挥学生在学习过程中的积极性、主动性和独立性，引导学生积极、主动地参与教学过程，才能实现学生知识、能力和思想品德的形成，完成教学任务。

（二）努力创设宽松、民主的课堂教学氛围

有的教师课堂上总是板着脸上课，学生称为“老阴不晴”，有的教师不让学生自由发言，非得先举手，学生未经教师同意不得起来发言；有的教师不耐心听取学生的发言，随意打断学生的发言。久而久之，学生必然害怕教师、害怕发言，这不利于创新人才的培养。为此，教师在课堂上必须努力地创设一种平等、民主、和谐、愉快的教学环境。要努力做到以下几点。

（1）教师要敬业爱岗，上课认真，语言形象生动、幽默有趣，精神饱满，感情真挚，态度和谐，平易近人，自然大方，以情入理，情感交融。

（2）教师的教要建立在学生的学的基础上，要让学生积极、主动地参与教学过程。教师不要对学生限制太多，而要千方百计地创造条件，努力做到：凡是学生看得懂的，要让学生去看；凡是学生讲得出来的，要让学生去讲；凡是学生想得出来的，要让学生去想；凡是学生写得出来的，要让学生去写；凡是学生做得出来的，要让学生去做；教师不包办代替。

（3）要热爱学生，相信学生，把学生当朋友看待，当自己孩子看待，尊重每一位学生的人格，尊重每一位学生的个性，尊重学生的创造性精神，课堂上努力做到：①不体罚或变相体罚学生；②不侮辱谩骂学生；③要把讲台搬到学生中去；④要蹲下来和低年级学生谈话；⑤要让学生体面地坐下；⑥要微笑对待学生；⑦要多用赞美婉转的语言；⑧要让学生把话说完；⑨不给学生排名次公布分数；⑩不向学生家长告状。

第十七章　评课类型

评课是教学研究中经常而广泛的活动，课评得好，可以起到弘扬教育思想、介绍教学理论、肯定先进教法、指导钻研教材、帮助总结经验的作用，从而达到促进和推动教研活动不断深入的目的。随着教学改革的不断深入，教学研究的对象也趋于多侧面、多角度，教学活动的形态也多种多样。特别是教师的教学观念和教学方法及相关的教学手段的不同，使课堂教学得到丰富和改进，产生了不同的类型。相应地，评课的方式也发生了变化，这就要求我们在进行评课时讲究艺术性，要根据课堂的不同情况，采用不同的形式，使人心悦诚服，深受启发，下面介绍几种常见评课的类型。

一、诊断型

“望、闻、问、切”是我国传统中医用来收集病情、病史等资料，诊断疾病的基本方法。四诊各有其独特的作用，但不可相互取代，临床运用时必须四诊并重，综合分析，才能做出最准确的诊断。把中医的“望、闻、问、切”四诊方法迁移到评课中来，便是诊断型评课。这种类型的评课，如同医生给病人诊病，需要有医学理论和临床经验。教学诊断，“医生”也需要有一定的教学理论和教学经验，通常教学诊断的“医生”可由学校颇有教学经验的领导或者教师担任，也可聘请上级教科研部门的教学研究人员来担任，有时，教学诊断的“医生”也可以由学生或者执教者自己来担任。这种方法可应用于，有的教师在一个时期内课堂教学出现问题时，或在跟踪随堂观摩教师的实际教学活动后，对其进行评析，评析中侧重于提出问题、研究问题、解决问题，包括观察前活动、课堂观察、观察后材料分析与交谈三个阶级。实践证明，运用诊断型评课，可以广泛而全面地收集课堂教学方面的信息，发掘新颖独到的合理内涵，准确地判断其中存在的问题，恰到好处地评课，从而对症下药地指导教学，促成教学层面的丰富经验升华为理论层面，进而达到不断提高整体教学水平与教育质量的目的。

（一）认真观察，深入分析

例如，减轻学生负担，提高课堂教学效率这个问题，在一段时间内，一直是各科教学研究的重点。为了解决这个难题，一些教师努力研究探索，展开了大量的教学试验，积累了不少有益的经验，取得了一定的成效。但有的教师即使做了努力，课堂效率仍然不高。为了查清这个原因，有关人员就要深入课堂，随堂听课，在评课时，对课做出综合分析，探索提高教学效率的途径。在评课时要联系自己在课前和课堂上细致观察的情况，既要评议教师的情况，又要评议学生的情况。对教师的评议，主要评议教师在课堂上的表情举止、精神状态、穿着打扮、板书设计、教具准备、实验操作、教学中的重难点落实、教学内容是否适度、教学环节是否丝丝入扣以及突发事件的处理等，以此评议教师的教学态度、工作责任心、教学方法、业务水平、实践经验和科研能力，看教师是否以“传道、授业、解惑”和培养、帮助、训练学生学会学习的观念和方法为准则。

对学生的评议，主要结合他们在课堂上的表现，评议学生的精神面貌、注意力，以及对教师的板书、演示、动作、表情、神态是否心领神会、观察入微。还要评价学生的反应能力、理解能力、实际动手操作能力、创造性思维能力以及学生在回答问题、课内讨论时音调如何、音量大小怎样，回答问题时对以前学过的知识是否记忆牢固，围绕老师所讲的内容，能否展开想象的翅膀，课堂上师生之间的关系是否融洽，等等。

（二）根据调查，找出原因

通过了解教师的从教时间长短、班级学生的本学科学习基础、接受能力与领悟程度高低、上课前的整体设计、教完后的自我感觉，评议教师教学方法选择，教材的重点难点把握，认知点、技能点、情感点的体现情况。在此还要通过学生对教师这节课的评价和平常学生反映的教学情况，评议学生的理解水平和教学方法是否合乎学生的口味。听课后还要组织一部分听课教师根据自己的观察和感受，发表自己的看法，提出优点所在、不足之处及建议改进的意见等，他们可以评议课堂各个方面。评课人通过调查到的情况，联系课堂教学，认真分析，找出问题的症结所在。比如，关于前面提到的，在一个时期内学生负担过重，课堂教学效率低的现状，通过跟踪听课，诊断出一个重大的因素是这位教师对“怎样提高课堂效率”存在着偏颇认识，甚至产生一些误区，如认为提问是保持学生注意力的最好办法。一些教师认为课堂提问可以长时间保持学生注意力，而注意力集中了，课堂效率自然会大大提高，但由于有的教师对所提问题的逻辑缺乏了解和研究，课内提问随心所欲，严重影响了教学效果；还有的教师认为表达设计与课堂效率没有必然联系。实践证明，越是简洁的教学语言，越有利于保持学生听课的兴趣，课堂效率也相应提高。在课堂教学中，发现有的教师讲解唠唠叨叨，启发学生喋喋不休，所提问题琐琐碎碎，这使学生对真正重要的学习内容失去兴趣。我们要求教师的语言讲究规范性、教育性、科学性、生动性和可接受性，要适合学生特点。教师语言的音量要合适，吐字要清楚，语意要流畅，语调要自然，使课堂用语起到激趣启智的作用。

（三）检查考核，探索途径

先查教师的教案、教学计划、说课材料，了解教师的工作能力、态度；再查学生的课堂记录、作业，评价教师布置作业的数量与难度，形式与内容，学生完成作业的态度与质量以及学习的兴趣；最后可以根据情况做一个口头测试或临场能力抽测，了解学生的知识面、反应能力和创新能力，肯定成绩，找出存在的不足和缺点。综合以上情况，提出改进的方法和具体途径。

诊断性评课将所有得到的信息进行综合分析评议，得出一节课成功与否的最后结论，既肯定成绩，又指出不足，并且判断问题的症结因果，探索用以改进的教学方案，探索新形势下适应教学发展的理论体系和适应学生发展的教学模式和教学环境。

二、研讨型

研讨型课堂一般是在有一个确定主题的前提下开设的课。在一定的范围内开设教学研究课并在确定主题的指导下进行评课活动，目的不是去判定课的好、中、差，而是通过研究型评课帮助教师改进教学实践。

研讨课及其评课就是为了引发教师对教育的深度思考，使教师在组织者或专家的指引下用批判性思维看待教学研究课，并对研究的主题进行更进一步的思考。因此，研讨课在评课之前需要做很多的准备工作。

一般而言，研讨型评课需要参加研讨的每个人都动起来，大胆发言，表达自己的所感、所想。研讨发言可以评价课本身，真实客观地评课，但更重要的是要指向教学研讨的主题。研讨型评课对活动主持人的要求比较高，主持人自己或请专家结合评课活动对研讨主题进行发言，要对研讨问题有一定的总结或给参加研讨活动的教师一定的启发。

案例：评“平行四边形复习课”

研讨的主题是“如何上好复习课”，以下是主持人在参与活动的教师发言的基础上总结性发言的提纲。

一、复习课要体现的几点作用

（1）复习课帮助学生建立起知识体系。

（2）复习课要体现知识再现的准确性。

（3）复习课引导学生全面与连贯地思考问题。

（4）复习课要拓展学生的思维。

二、复习课中教师对于学生活动要着力进行设计

1. 多样的活动形式

（1）学生回答问题。

（2）学生说，教师板书。

（3）学生之间互相提问。

（4）独立完成练习，实物投影反馈。

（5）学生的尝试——探究。

2. 体现出的优点

（1）教师对各种活动都进行了设计。

（2）各种活动基本都有与之相对应的媒体支撑。

（3）体现出了师生互动和生生互动。

3. 本节课所引发的思考

（1）复习课的重点如何定位。

（2）教师语言、板书的规范性。

（3）给予学生思考的时间要充分。

（4）重视学生的自主小结。

（5）几个问题设计上的探讨。

这样的研讨课，一般情况下，授课前教师要根据自己的教改实践和研讨课的专题做好充分准备，围绕一些问题去设计教学过程，真实地反映自己的教学情况，课后与他人一起分析研讨，找出优点和不足，便于在以后教学中

继续实践、改进。这种带有专题研究形式的课，能够集思广益、教研结合，并能就某一问题进行深入研究，由点成线，由线成面，逐步开成系统翔实的教研成果、先进的教育教学思想。评这样的课，由于参加听课的人比较多，有领导、教师，还有校外的同行及上级行政领导和教研人员，通常采用集中讨论的形式进行。

（一）紧紧围绕研讨内容，注重研究性

要把评课活动作为研究问题的媒介，从理论上对研讨的内容提出自己的理解和认识，以实事求是的科学态度，以研究问题和探讨问题的方法，运用自己对这节课的感受和有关材料，客观地、公正地提出自己对这节课的看法，分析其得失及其原因。研讨的内容可以是怎样实施素质教育、怎样落实课程标准、怎样运用现代教育教学观念改革教学方法等。

例如，根据素质教育的要求，我们在课堂教学研究中做了在各科教学中对学生进行审美教育的专题研究，听课后可以评议一下进行审美教育的重要性和可行性，评议一下教育模式“点—线—面—体”的体现如何。

（二）对课堂教学进行分析、评议

结合课堂教学与执教者、听课人员一同讨论其教学设计与实施情况，进行学术研讨。评课时，我们要从良好的愿望出发，充分发扬民主精神，不存偏见，不抱成见，紧紧围绕教研的主要课题各抒己见，畅所欲言，多提启发性问题，不要轻易下定性结论，让大家在民主平等的气氛中大胆发言，发表见解，以达到互相学习、取长补短、共同提高的目的。例如，针对素质教育的要求，在小学数学教学中探讨主体式教学的研究，评课就可以针对课堂教学研讨分析评议其教学目标在实施中是否具有全面性；教学过程是否反映教师以学生为主体的特点，这起码要看教师在教学中是否做到了“三主”“三自”“三有”。“三主”就是教师为主导，学生为主体，训练为主线；“三自”包括学生自己提出问题，自己分析问题，自己解决问题；“三有”是看学生是否有所发现，有所讨论，有所创新。除此之外，还要研究分析、评议教学中是否体现面了向全体，因材施教的原则。这主要看是否在课堂教学中突出重点、突破难点、抓住关键和基础知识、基本技能、基本能力落实的力度及师生交流和学生参与训练的广度；教学效果是否优良高效。对课堂教学的成绩经验要充分给以肯定，对问题和不足要认真分析，对值得商榷的地方要鼓励大家多发表不同见解，共同探讨，恰当地对每一环节给出准确的评议，以利于研究改进的具体方法和措施。

三、检查型

检查型是评课最常用的方式。为了广泛地掌握学科教学情况，发现教学中存在的问题，学校领导及教研人员每学期都要深入课堂，投入更多的时间和热情，大量地听课，检查各科常规教学的整体情况，进行评课，以便掌握第一手材料，解决实际问题，改进教学。检查型评课一般在听课前不通知执教者，评的是其平常最真实的、自然的教学状态。因此，有利于我们对常规教学进行科学的评估、严格的管理、有力的督导，可以促使教师深入备课，努力提高自身素质，也可以促使教师间互相学习，强化教研教改意识，鼓励教师勤于探索，着力创新，在教学改革的领域中探索出一条新路。由于这样的评课内容具体，标准一致，便于操作，评课时要突出一个“实”字，倡导一个“促”字，实事求是，直截了当，是一说一，是二说二，成绩说够，缺点说透。评课者要坦率地阐明观点，直接点出要害问题，考虑到教师的心理承受能力，在评课形式上多采用个别交谈式，当然也可因地制宜，灵活多样，做到以理服人，以情感人，以知导人。

（一）从教学目标进行评价

教学目标的确定，直接影响着课堂教学的效果，针对课堂教学的实际情况，先评议教学目标是否明确具体，也就是能否体现知识传授、能力培养、道德教育等方面的内容。有的执教者设计的教学目标，在教学中给人的感觉是含糊笼统，评议时执教者也说不清楚，这就要查找原因；一些教师认为自己的教学目标制定得很合适，但一上起课来，便出现教学目标有的完成得好，有的完成得不好的情况。那就要仔细分析，是不是教学目标过高难以达成，因为这样会影响学生的学习积极性，如果不是这样，再分析是不是教学目标过低，滞后于学生的原有认知水平，这样也会影响学生的学习积极性。这样评议得出结论，看教学目标的科学、适度与否；同时评议教学目标是否便于实施，具有可操作性。有很多教师的课不能达到预期的教学目标，执教者为此也很苦恼，因为他们往往认为自己的教学目标制定得很完美，也很有独创性，但是教学目标一经教学实践检验，却出现了不尽如人意的地方。为了避免教学目标操作起来别扭，必须考虑教学目标是否具有可行性。

（二）从教学内容进行评价

首先要评价教学内容处理得是否得当。同样是一节课，由于执教者对教学内容处理得不一样，有时产生的教学效果是不相同的。

（三）从教学方法进行评价

教学方法包括教法和学法两个方面。教法主要评价课堂提问和课堂训练的设计是否体现启发式教学原则；学法主要评价对学生进行的学法指导，因为掌握学习方法是形成学习能力的核心。

（四）从教学效果进行评价

教学方法的动用，离不开教学效果的检验，只追求新颖、奇特的方法，往往使教学成为“花架子”。教学效果是评价课堂教学的根本目的。通常情况下，先从教学时间上评议是否在规定的时间内完成了教学任务，是否实现了教学目标；再从学生参与教学的情况，评价学生是否积极思维、自主学习，达到学会并会学的目的。例如，一节小学数学有关行程方面的问题教学，在评议时，要评执教者是否按时上课，按时下课，有的教师遵守教学时间，但教学任务没有完成好；有的教师提前上课、下课拖堂，但完成了教学任务。这二者都不可能是成功的课，这都是评课时应指出的问题。再评课堂教学，有的教师在新授时，以自己的讲为主，硬灌公式，在练习中学生照猫画虎地能把练习题做对，但学生没有参与学习过程，没有亲身经历由不懂到懂、由不会到会的过程，对自己为什么这样做题讲不出道理，在联系生活实际编题训练中，也搞不清在通常情况下火车、汽车、飞机、自行车等每小时应走多少千米，结果在课堂教学中出现马车比飞机速度快这样的笑话。在评课时不能仅就形式问题评议，还要针对教师的教学观、教学思想进行指导。

（五）从教师的素质进行评价

主要评价教师的素养、语言和特长。例如，教师在教学中的教态、语言、板书、教具演示、教学机智等方面的基本能力。有的教师在课堂教学中，教态自然亲切；语调柔和适度；语言准确、形象、生动，具有启发性；板书设计合理，书写规范，有一定的速度；教具使用适时，现代化教学设备演示熟练；等等。

四、庭辩型

庭辩型评课对执教者和评课者都提出了更高的要求，它要求执教者在授课、说课的基础上，能针对评课者提出的问题给予答复，对有争议的问题能进行有理有据的辩论，以此阐明自己的看法或观点。要求评课者能联系课堂教学的情况，对执教者质疑发问，从执教者那里得到需要的答案，从而尽可能地减少人为的感性成分。庭辩型作为一种新兴的教学研究形式，是对各种教研活动的有机统一，具有现行教学研究方法不可比拟的优越性，即它不是孤立存在的，而是融入执教者的授课、说课，同行专家的听课、评课之中。它注重教师素质的提高，有助于权威性教法、教学模式的形成，因为任何创新的教法，都应该在民主、自由竞争氛围中接受公正的评判、实践的洗礼。庭辩型评课有助于评课者提高分析、鉴赏能力，更科学地从事这一工作。通过这样的评课，会使执教者明白为什么这样做，为什么不这样教。

庭辩型评课流程如下。

（一）教师自己准备授课

教师要根据大纲课程标准的要求、教材的特点、学生的实际，设计课堂教学的形式、方法，做好课前的充分准备。

（二）由评课小组听课

教师按课时计划进行课堂公开教学，评课者与大家一同听课，可以综合分析，也可以侧重听某一方面。

（三）教师陈述

授课结束后，教师面对所有听课的评委陈述，其他听课人员可以列席旁听，陈述的内容有这节课的准备过程、设计思路、教学实施、创新之处、教学机智等。

（四）评课组与任课教师的问答

在教师授课和陈述的基础上，专家领导针对某些教材的知识体系、教法选择的依据、课堂教学模式的优缺点提出疑问，由教师答辩。通常情况下提问可以从以下几个方面入手：

（1）针对课堂教学情况提问；

（2）针对本节课内容涉及的相关内容提问；

（3）针对学生学习状况提问；

（4）课堂其他问题，如结构、语言、环节的处理等。

（五）辩论阶段

教师与评课人进行直接的论辩、讨论。对课及教材所涉及的系列问题进行答辩，大到教材体系，小到知识点，可包括教材内容处理的原则，所用教法的依据及可行性分析，教学模式中对传统法扬弃的原因，创新式教法与现行较有影响的教法的异同，教学目的、重难点设计的依据，教学媒介运用的利弊，预期达到的目的和实际存在的差距，学生心理因素的诱导及可能存在的一些问题，知识点传授的必要性，提问、课堂练习设计的精当性、量力性分析等。双方可针锋相对，不做最后结论，只将问题表述清楚即可。

（六）教师最后陈述

教师在答疑、辩论的基础上，对自己的课堂教学再次陈述，陈述可以从以下几个方面进行：

（1）针对以上几个步骤，提出较完整的表述并作重点的阐述；

（2）根据前面的问答、辩论、讨论，教师自我评价，并总结出自己授课的主要成绩和不足；

（3）陈述需要特别申明的问题，如学生的学习基础、学习能力、班级风气、自己的一贯做法等。

（七）评课小组集体评议

在教师退席后，评委们针对课堂教学及教师的说课、解疑、答辩等情况，集体综合评议。一般的情形如下：

（1）评委们针对以上过程，提出各自的意见，提出依据；

（2）评委们内部论辩；

（3）采用科学灵活的集体智慧，进行集体评议，作出可行性分析和教学效果评估；

（4）拟出集体的有较强针对性的较有价值的意见。

（八）宣读评议结果

在评委评议后，将评议结果形成书面材料，当众宣读。程序是：

（1）教师返回座席，听取结果；

（2）公布结果后，教师可针对评议结果进行陈述，并阐述自己对结果的看法；

（3）评委们最后合议并写出等级，给出结论；

（4）评委将整个评课的意见整理并用书面的形式发给教师和学校，同时存入教师业务专项档案。

庭辩型评课是对教师授课的分析、提炼、发展、创新等课堂方方面面的综合评估，是对教师有意识、无意识的全方位、多层次的评价，这样评课起到了比上课本身更重要的作用。通过如此评课，可以进一步提高教师业务素质，让教师自然而然地形成追求课堂教学艺术的意识，提高教学水平，进一步抓好课堂教学这一中心环节，促进教师教学科研能力的提高，提高评课者的水平，脱颖而出一批权威的评课者，从而为抓好学校的教学管理，全面提高教学质量，起到促进作用。

第十八章 评课方法

一、整体评述法

整体评述法，就是对一节课的优劣进行整体的、全面的评析，通常通过一个评价量表来规范。一般分为教学目标、教材处理、教学过程、教学效果等几个项目，每个项目都有具体的指标。评价者只需以这些指标为依据，对课进行定性和定量两个方面的评价。其核心在于评课者的教学理念，是否反映了当前教学方法改革的趋势。

使用整体法评课能够全面、系统地对一节课的质量做出客观、公正的评价，能够对一节课的特色成功之处、经验之谈、缺点所在进行深入、细致的剖析。用整体法评课，有利于执教者全面总结经验、发扬优点、弥补不足、改革教学；有利于学习者全面借鉴经验、取长补短、提高自我；有利于听课教师全面掌握执教者的课堂教学基本情况。但是，整体法评课需要面面俱到，而且费时较多，会引起旁听者的不耐烦。因此，在运用整体法评课时还必须注意突出重点，并把握好评课的时间。

二、片段分析法

片段法就是对一节课的某个片段从某个方面进行有针对性的评析。例如，可以对教师的引入环节、讲授环节、巩固环节或学生的自学环节、动手环节、讨论环节、练习环节中的某些片段，就教学的观念、师生的关系、教法的选择、学法的指导、能力的培养、教材的处理、媒体的使用等某个方面或几个方面进行较深入的评价分析。片段法评课较多运用于研讨型、诊断型、观摩型的课。

使用片段法评课虽然是对某个教学片段进行评析，但是通过突出对某个片段的深入透彻评析，也可以反映出整堂课的基本情况。由于片段法只是对某个教学片段进行评析，所以可以节省时间。但要防止使用片段法“只见树木不见森林”的现象发生。

例如，“正比例意义”的教学基本环节：教师以教材的例证为素材，以较为标准、简明的语言，通过对例题的两个变量的变化情况分析，归纳变化规律，引出了正比例的概念。整个过程以教师的说教为主，其中夹杂着一些思维量不大的师生问答（主要是一问一答的方式）与极少的学生讨论（形式上的）。虽然课堂气氛显得比较沉闷，不过在教师的适当引导下，学生还是能顺利地完成了必要的形成性的练习。

评析：在概念教学环节中，认知目标似乎已达成，冗长的概念表述或许学生能熟练地背下，但是，有效的数学学习活动不能单纯地依赖模仿与记忆，动手实践、自主探索与合作交流是学生学习数学的重要方式。当学生缺乏对概念形成过程的主动探究的机会，缺乏对生动的学习过程的情感体验，也就失去了对数学过程、数学方法进行深刻领悟的空间，失去了使自己的理智过程得到发展和提升的时机，教学就会显得枯燥乏味。

三、解读评点法

解读评点法是对课堂的解读与评点，包含两层意思，一是诠释备课与教学的意图，理解教学思路。二是对教学过程的评析。使用时通常将一节课划分成若干环节或段落，按照“总—分—总”的思路进行剖析，并通过阐明本节课的背景，分析每一环节的作用与得失。

为了有效分析课堂教学结构，研读教师的教学状况，我们可以针对某节课进行解读与评析。首先是背景分析，包括说明设计这节课的理论依据，明确这节课所要解决的教学问题，开展教学内容与学生情况分析，并提出针对性的教学设想和措施。然后对这节课的课堂实录进行环节分析，环节分析不要面面俱到，应该选取典型的、适宜提出研究课题的环节。可以从这一环节在整个教学中的地位和作用是什么、教学价值如何、为什么这样实施（设计）、这样实施（设计）的依据是什么、情境创设是否有效、是否激发了学生的学习兴趣等方面进行分析，还可以对这一环节提出改进建议。最后就全课作出总的述评：这节课在设计上是否有效实现教学目标，教学效果如何，教师的教与学生的学有什么特点，教学上有哪些值得借鉴、发扬的地方，有哪些可以改进与探索的地方，围绕本节课还可以做哪些新的构想与进一步思考等。

通过解读评点法评课，有利于研究课堂结构，形成教学规范。我们通常在教学示范课、展示课中运用解读评点法进行评析，也可以就某节课的教学设计进行解读评点，这种评点方法在我们的教学杂志中时常可见。

四、问题探讨法

问题探讨法就是对一节课中出现的某些新事物（如新教法、新学法、新专题）或某些把握不准的问题进行探讨性评析。例如，当前在实施新课程的过程中如何处理好面向全体与因材施教、全面发展与个性特长充分发挥、打好基础与创新能力培养、教师主导与学生主体、教学任务与教学进度、课堂开放与课堂纪律、传统教学方式与现代教学方式、传统学习方式与现代学习方式等的关系是非常值得探讨的。例如，有的把创新能力培养与扎实打好基础对立起来，忽视了基础知识教学；有的把减轻学生过重课业负担简单地看成减少内容、降低难度、少做作业、取消考试；有的认为运用了现代教育媒体就可以不用板书了；等等。这些都是我们值得深入探讨的问题。

问题探讨法是一种开放性的评价。它强调的不是给课的优劣下结论，而是从课中产生一些课题，使这节课不是教学研究的终点，而是教学研究的起点。这种评课活动，有利于学术讨论氛围的形成，有利于澄清一些模糊或错误的认识与做法；有利于新思想、新方法的确立。这种评价，非常具体地提出了教学研究中的问题。问题是教研的生命，这种评价在教学研讨活动中应用广泛。

五、特色鉴赏法

特色鉴赏法就是指对一节课中的某些与众不同、新颖独特的好做法与新创举进行评析。例如，在新课引入、突出重点、突破难点、动手操作、启发诱导、培养能力、指导学法、创设情境、分层要求、分类推进等方面，许多课堂教学都非常有特色，值得评课者认真地评析，从中发掘教学中的价值和理论基础，从课堂教学中寻求规律性的东西，突出揭示执教者的个性。

特色鉴赏式评论的立足点是鼓励创新，鼓励用现代教学理论来反思传统的教学方法，用教育学、心理学的理论指导教学实践。在点评思路上，首先看是否有创新意识；其次看是否有正确理论的支撑；最后看教学活动是否合理、科学、规范；等等。在价值取向上，它尊重传统，更提倡反映教学改革的现代化趋势；它重视理论，更强调理论的意义在于应用。这种评论只是鉴赏式的，目的是发掘特色的东西，没有量化的方法，也不给出任何等级。

运用特色鉴赏法评课，评论的功夫在于把理论说得朴素些，把实践说得理性些。鉴赏式评论需要评论者有宽广的胸怀和敏锐的眼光，善于发现并洞察每一个教法的合理性。优秀的评课者会分享一次课的美妙，而不是只会渲染一节课的不足。这种方法，有利于鼓励教师走教学创新的路子，有利于发现教师的新经验、新模式、新方法。

六、塑造评议法

塑造式评议就是根据执教者的特点，帮助其形成自己的教学风格，实际上这应该是我们评课的出发点和归宿。遗憾的是，我们的评课总是在表达评课者的某种态度，如这节课应该怎么上、不该怎么上，这就难免偏离评课的初衷。我们要注意教师个性的差异，而这恰恰是我们在教学研究活动中忽略了的问题。

塑造式评议不同于上述其他评课方法。一方面，它没有预设的标准，不是用某一标准来对课做出评判，而是根据教师的特点，规划其教学艺术的发展方向。对课本身的评价并不重要，课只不过是一个话题，是表达风格的一个例子。评课的背景不仅是教学内容的特性，还包括帮助教师发现教学的潜力。它以人为本，目的不在“讲课”而在塑造人，关注的是教师教学风格的形成，教师专业发展的方向。另一方面，评议不能限制在孤立的一节课上，而是靠跟踪、靠若干节课的动态评议来完成的。

其实，塑造式评议是一种艺术。不妨与服装师类比，不是先做了一套服装，让某人来穿，然后来评论是否得体、是否漂亮；而是根据这个人的身材、气质设计出得体而又漂亮的服装。这也许是一个教研工作者的重要任务，是数学课评点的最高境界。

七、集体研讨法

评课的形式主要有两大类，一类是个人评课，就是指评课者无论以什么身份出现（或同事或专家或集体成员之一）都必须对所听的课做出自己的评价。前面所介绍的6种方法都是个人评课常用的方法。个人评课所受的限制较少，评课者可以较自由地表达自己的看法与意见。但个人评课往往与个人的素质水平有关，容易带着个人观点，容易产生片面性。另一种评课形式就是集体（小组）评课。凡是评判性（如优质课评选）、鉴定性（新教师考核、教改实验课验收）的课都必须采取集体（小组）评课的形式。这种形式能较全面、科学、客观、公正地对一节课做出评价。一般包括建立评价小组、明确评议标准、填写听课记录、讨论评定等环节。

八、表格法

表格法就是根据评课的标准，制定一个比较科学、全面的课堂教学评价表，并根据这个评价表评估课的优劣。表格法简洁地体现了评课标准，不仅能科学、全面地评价一节课，而且使用起来比较方便，所以，评课常常使用表格法，尤其是鉴评型教研活动、竞赛型教研活动更钟情于表格法。

使用表格法评课，关键在于设计好评课表，评课表分主体与附属两个部分。主体部分呈现评课的标准与操作要求，是评课者主要填写的内容，包括项目、评课标准、权重、得分、备注等栏目，这部分内容是评课细则的表格化。附属部分是呈现执教者的自然情况和对评课表所作的必要说明。

九、经验总结法

经验总结法就是对优秀教师、老教师的教学经验进行总结评析。运用经验总结法，首先，要能够认识授课者的经验是什么，如在教学指导思想方面，是如何做到既面向全体、全面发展，又分层要求、分类推进的；在教学业务水平方面，是如何深入挖掘教材，使教学重点突出、难点分散的；是如何根据学生实际情况精心设置疑问与悬念，使学生兴趣浓厚、思维积极的；是如何在教学的各个环节精心设计、讲究艺术的。其次，要善于鉴别授课者的经验是否具有先进性与科学性，是否具有实用性与可行性。也就是说，这种经验是否能以现代教学理论为指导，是否反映了现代教学思想，是否符合现代教学论要求，是否符合学校、学生及教师本身的实际情况。

因此，评课者要在认真听课的基础上，对提炼出来的初步经验，进行一番认真的思考与加工，也就是说，要通过分析、综合、抽象、概括，从部分到整体、从现象到本质地深化自己的认识，揣摩教学过程的精心安排，从而抓住经验的本质，并把它上升到理论高度，找到理论依据。这样总结出来的经验才是有价值的。

经验总结法特别适用于观摩型、评优型的评课。

十、综合法

综合法就是对一节课做评析，既有对某个细节、片段的评点，也有“居高临下”的全方位的分析、评价。用综合法评课有利于总结、宣传教学经验；有利于其他教师理解优秀教师的教学思想，提升自己的专业水平；有利于上级领导把握课改趋势，调整课改策略。在总结型、展摩型、检查型、鉴评型教研活动中常使用综合法评课。总结、评析某位名师、优秀教师的教学特色、教学风格，也大都采用这种评课法。

综合法应突出三个方面：第一，本节课的优点、经验或值得学习的地方；第二，本节课的特点或特色；第三，不足或值得探讨的问题以及改进教学的建设性意见。采用综合法要对听课时所获取的感性材料进行理性思考，去粗取精、去伪存真、由此及彼、由表及里地思辨，使感性材料上升为理性的东西。

评课、听课时往往会有一些零零碎碎的想法，评课时要对这些似乎各自独立的想法进行分析研究，发现它们的内在联系和本质所在。要将分析研究所得进行必要的梳理，形成有条理的、详略得当的、有观点有分析的发言。优秀的评课稿应是一篇精美的小论文。

用综合法形成的评课稿多用“总—分—总”式的结构。先总评授课者在教学实践上给自己的印象、感受，亮出对授课者总的评价语，再分别从几个方面去评价、论证，最后总结、概括。

十一、结束语

以上几种方法既可以独立使用，也可以综合运用。评课方法的选择与个人的教学经验、上课的课型、场合和评价对象有关。不管采取哪些方法，我们必须紧紧抓住“摆事实、讲道理”这一评价宗旨。摆事实，就是用事实说话，让教学活动、教学过程、教学现象说话。在具体的评课中，授课者或评课者可以采用自我评价、“零距离”面谈、师生合评、组内讨论、发展跟踪或专家“临床会诊”等方式。只有经过多种形式的综合运用，才能完善课堂教学，培养教师的基本功与驾驭教材和课堂的能力，锤炼出好课和好的课型。

第十九章　评课技巧

评课的过程是对课堂教学进行透彻的分析和总结的过程。通过评课，能及时分析教师教学的优缺点，及时总结教师教学的得失，提出改进意见，使教师明确努力方向，提高教学水平。

评课，除需要掌握一定的教育教学理论知识、具有较强的课堂教学功底和课堂评价能力外，在评课技巧上还需要注意以下几点。

一、要抓住评课着力点

评课者在听完一节课后可能思绪万千，有许多话要说。但是，评课绝不能尽诉其悟，面面俱到。评课应根据教学的目标和任务，抓住教学中的主要方面，把听课中获得的信息与思考进行归纳与分析，遴选出体现主要矛盾的问题作为评课的重点。如果这节课的目的是探讨如何在课堂教学中培养学生分析问题和解决问题的能力，评课时就应该把重点放在培养学生分析问题和解决问题能力的成功经验和存在的不足上，其他方面只作次要问题略提即可。如果本次教研活动的目的在于探讨小组合作学习的策略，评课时就以小组合作学习为话题，去评析执教者在组织、支持学生合作学习时的经验或问题，至于其他问题，只作次要问题略提即可，甚至可以干脆避而不谈。

具体应做到以下几点。

（一）看教师教学行为和学生学习方式

以“体现素质教育精神，转变教师教学行为和学生学习方式”为核心的新的教育理念，在基础教育的实践中已不断走向深入。在新课程学科教学中，听课、评课的着力点应该放在这一教育理念上。下面以“百分数的认识”一课为例来分析新课程中教师听课、评课的着力点。

1. 听新课导入，评情境创设

教学片段1：

师：同学们，你们经常看篮球赛吗?

生齐答：经常看。

师：那好！今天我给大家介绍一个有关球赛的故事，请大家注意听。某次球赛中有一方因队员受伤要换人，教练要从以下三位队员中选其一：甲罚球20次进18次，乙罚球10次进7次，丙罚球25次进21次。请同学们帮这个教练想一想，该选谁呢?

教研员评析：从真实情境引出问题，让学生身临其境，这种方式比较好，既便于学生接受，又能激发学生的探究欲望。从生活中提出问题，再回到生活中去探索与发现，数学问题源于生活又高于生活。

打造生活课堂，是当前基础教育新课程的特征，也是课程改革背景下听课、评课的着力点之一。

学生的有效学习的达成取决于知识间的实质性联系、学生的生活背景知识和学习动机等三个方面的因素。因此在听课、评课过程中，教师可以根据有效学习的条件来探讨问题情境创设的有效性：一是实质性，即情境的选取必须与本节课所讲解的知识有实质性的内在联系；二是生活性，即情境创设要有真实性或生动性，生动的例子更贴近学生的生活；三是趣味性，即情境创设应让学生产生相当大的吸引力，激起他们的求知欲，引领他们去探索发现。

2. 听师生交流，评学习方式

教学片段2：

教师将准备好的食品瓶、牛奶袋以及衣服的标贴一一展现给学生，并让学生解释：标贴上的百分数各代表什么意义?

学生解释完毕后，教师马上问：大家将刚才的几个例子综合起来，看谁能解释一下“百分数”的含义?

生1：百分数是一个量与另一个量的比。

生2：百分数是谁和谁的比。

师立即提示：将“量”改为“数”……

教研员评析：将生活中的例子引入课堂后，不应该忽视学生探索问题与总结发现的过程。让学生解释“百分数”的含义之前，没有让学生充分讨论和相互交流。

课程改革的核心是转变学生的学习方式，这是教师听课、评课的焦点和难点。在听课、评课中教师需要针对学生的学习方式审察以下三个问题：一是审察学习任务的性质，即学习问题是否引起绝大多数学生的兴趣与关注，并促使他们积极配合教师的指导去行动；二是审察合作学习的形式，主要看教师适时指导下的生生之间的实质性交流（不限于小组讨论形式）；三是审察探究活动的过程，即学生个体或小组积极探究、发现、交流的行动表现与过程。转变学生的学习方式，要体现“学生是学习的主人，教师是学习的组织者、引导者与合作者”的理念。只有这些问题都得到了关注，自主、探究与合作的学习方式才不至于流于形式，才能真正体现学生的主体地位，才能在课堂上让学生真正“动起来”。

3. 听学生答题，评教师设疑

教学片段3：

师：这里有一个带数字的成语“一分为二”，看谁能用今天所学的知识来解释它?

被提问的学生基本上都是按成语的汉语意义解释的，而不能与“百分数”联系起来。教师及时更改提问：请大家用百分数来表示这个成语!

学生几乎都能按要求完成。

教研员评析：两次提问，两次不同的回答，而后一种提问被证明更适合学生的发展。这种转变，其实质是教师在设疑方面自我角色定位的改变，这标志着教师教学水平的提高。转变教师角色，是听课、评课中颇具争议之处。只有转变教师的角色，才能改变学生的学习方式。

新课程的实施要求教师成为学生学习的引导者、促进者、组织者，成为自我反思者和研究者，成为课程资源的建设者和开发者。就问题设疑而言，教师提问的目的是引发学生的疑问，充当学生学习的研究者和课程资源的开发者，这就需要教师准确把握以下几个原则：一是知识性与趣味性相统一，即教师不仅要充当知识的传授者，还应激发学生的求知欲，成为学生学习的引导者；二是封闭性与开放性相统一，即教师不仅是“明确界定问题”的权威，还应留给学生充分思考与想象的空间，充当学生学习的促进者；三是层次性和适宜性相统一，即教师不仅要考虑到全班同学的水平差异，进行分层教学，充当一个组织者，更应该在教学过程中去研究问题对学生的适宜程度，成为一名研究者和开发者。如此，不仅能顺利促进教师角色的转变，提高教师应对课程改革要求的能力，而且能提高教师的教学水平。

（二）不仅看“怎么教”，更要看“教什么”

评课的传统角度往往是教学方法：着眼于教师，着眼于“怎么教”，着眼于教师的教学技巧、教学艺术、教学风采；讲究的是上课如何精致、如何精彩。这在公开课、观摩课、评比课中表现得尤为突出。教师的课堂教学研究，也被鼓励从教学方法上着力，讲究教学过程，探求各式各样的“教学模式”。怎样的一节课才算好课？许多教师在考虑这个问题的时候，心中想的是“怎么教”的方法问题，先怎么教、再怎么教、后怎么教。随着课程改革的推进，评课的角度上升到了教学理念层面，而理念的落实处，往往也被理解为教学方法，如主张平等对话、体现探究学习等。在许多教师和评课专家的心目中，一切似乎都仅仅是教学方法的改革。

教学方法是重要的，体现先进理念的教学方法应该被大力提倡。然而对教学方法的努力探索，是为了更有效地实现教学内容的掌握。教学内容与教学方法是两个侧面，观课评教既可以侧重于教学方法，也可以侧重于教学内容。在目前情况下，对教学来说，我们认为教学内容更为重要、更为关键。一节课，如果教学内容有问题，或者教师只针对考试而教，那么教师的教学方法再精致、再精彩，课堂的气氛再热烈、再活跃，价值都极为有限。

谈论教学方法，要注意“方法本身的合理与否”和“方法使用的合适与否”。合理与否、合适与否，主要就是从教学内容的角度来讲的。巴班斯基说得好：“是教学目的和内容‘选择’方法，而不是与其相反。”

评课应首先关注“教什么”，以引导教学研究关注点的转移，这有助于教师减少备课中的无效劳动。教师备课一心去“设计”有新意的“怎么教”，这往往造成教师大量的无效劳动。我国小学数学教师的日备课量多数在3～5小时，备课负担十分沉重，至于公开课、观摩课、评比课之类，更是耗时费工，成本极高。

（三）不仅要看学生的活动，更要看学生的变化（是否“学到新东西”）

华东师范大学叶澜教授谈及好课的一些基本要求时说：在一节课中，学生的学习首先必须是有意义的。初步的意义是他学到了新的知识；进一步的意义是锻炼了他的能力；往前发展是在这个过程中有良好的、积极的情感体验，产生进一步学习的强烈要求；再发展一步，是他越来越主动地投入学习中。她说，这样学习，学生才会学到新东西。学生上课，和进来前相比，出去的时候是不是有了变化？如果没有变化，这节课就没有意义。如果课堂一切都很顺利，教师讲的东西学生都知道了，那你何必再上这节课呢？换句话说，有意义的课，首先应该是一节扎实的课、充实的课，在整个过程中，大家都有事情干。通过教师的教学，学生都发生了一些变化，整个课堂的能量很大。

一节课不应该是完全预先设计好的，在课堂中应有教师和学生情感、智慧、思维和精力的投入，有互动的过程，气氛相当活跃。在这个过程中，既有资源的生成，又有过程状态的生成，这样的课可称为丰实的课。

（四）抓住教学中的主要优缺点

课堂教学是丰富多彩的，每一节课都是丰富复杂的综合体。在进行课堂教学评价时，我们必须从观察到、感受到的实际出发加以考量，才有可能切中肯綮；反之，只能是或乱贴标签，或隔靴搔痒。

评课时要依据课程标准，或抓住执教者教学中的主要优缺点，或紧密结合研究的重点，集中对主要问题进行评析和研究，做到重点突出、条理清晰、不泛泛而谈。当然，在必要的时候，也可以依据执教者的教案，结合教学的主要特色，围绕一两个中心点，对教学情况进行较为全面的评价，做到既有对某些教学环节或细节的评析，又有对教学总的评价看法，但仍然要有一个很明确的重点。

如果一节课中的“新授”部分是这堂课的核心部分，那么看教师如何突出重点、分散难点，并进行学法指导常常是听课的关键。一节课教学的闪光点往往就在这时出现。学生对重点内容的掌握情况如何，学生对难点内容的理解情况如何，在学习过程中学生的参与性如何，教师指导学生学习的方法如何，等等，都是我们在听课中需要注意的问题。这种“注意”是对整堂课整体教学效果的一个研究，这样的研究能让我们更好地把握课堂教学的重中之重，更有效地整合课堂教学内容，更系统科学地组织课堂教学。

如果从经验评价的角度来看评课，我们首先可以定义好课的标准。只要一节课符合好课的标准，这节课就是成功的。这种听课模式，现在依然比较盛行，就对一节课的评价来看，它依然有其存在的价值。从目前大家对好课的认定上来看，一般会关注这样一些方面，我们可以借用著名教育家叶澜教授对于一堂好课的基本要求所作的阐述：一是有意义的课，即扎实的课；二是有效率的课，即充实的课；三是有生成性的课，即丰实的课；四是常态下的课，即平实的课；五是有待完善的课，即真实的课。

二、要坚持激励原则

评课要坚持求实，但是如果不善于变通和激励，往往会产生适得其反的效果。

我们要倡导、建立一种新的评课文化。“评课”这个词本身就容易给人一种潜在的影响：你是来评价我的，我是来接受你评价的。在这样一种文化当中，我们的教师是最缺乏作为教师的独立性的，也是最缺乏对教学的专业评价权利的。新课程呼唤的是每一个教师都能够成为教学的主人，我们需要一种新的评课文化来哺育、滋养教师，使得每一位教师都能在教学中成长起来。这里就有一个评课者与被评者之间怎么建立起一种民主的、建设性的、对话的伙伴关系的问题。

（一）以肯定、引领为主

评课的目的是促进教学。因此，评课应坚持少批评多鼓励的原则。对授课教师的独到之处要大加赞赏，对不足之处，要用发展的眼光期待授讲教师的成功。

评课中的褒奖与指出缺点还应考虑环境和授课教师的性格特点。对值得商榷的地方不要简单地肯定或否定，要鼓励授课教师勇于创新、潜心教改，做教书的能手、科研的内行。

凡提出的问题、建议，不仅要客观，还要考虑授课教师的心理承受能力，绝不能不顾场合、不计后果、挖苦讽刺、指这责那。任何人都渴求鼓励。肯定、鼓励，留给授课教师的是兴头、想头、劲头。

案例：

9月，我们听了一节公开课，讲的是“长方形和正方形的认识”。课后，好多老师都觉得这位老师讲得还不错，可经教研员一分析，才知道问题还不少。教研员评课，采取的方式是微格评课，即按上课流程把课堂分成几个步骤，然后逐个步骤进行剖析，指出其优缺点，提出改正的措施。

课前交流：

师：同学们喜欢看动画片吗？（播放一个找生活中物体表面上的平面图形的动画）。看到认识的平面图形请可以大声地说出来。

接着出示教学楼，教学楼上有你认识的平面图形吗？

再出示一个魔盒，里面有很多的图形，唤醒直观认识经验。

师：我想找出长方形和正方形，你们能帮我找一找吗？来看一看。（课件出示）

师：是不是长方形呢？你怎么知道它不是长方形的？

同学们关注到了图形的边和角（板书：边、角）。

出示圆形。

师：看屏幕，它是什么图形？（课件）

……

师：这个图形有边也有角，是不是长方形呢？

我们来看一看，谁想说……（因为长方形有4个直角，它有一个角是锐角）。看来长方形和正方形的边和角都有自己的特点。

教研员评析：通过逐步出现的图形激活学生对长方形和正方形的直观认知经验。利用圆形的出现让学生的关注点集中到图形的“边”和“角”上，利用梯形的出现让学生进一步关注不同图形的“边”和“角”有不同的特点。这样，学生就能凭借头脑中的图形表象，很快从多个图形中找出长方形与正方形，然后通过观察完成对长方形边和角特点的猜想。这时，建立在学生已有知识经验上的新知探索也就由此开始。

（二）自主探索，发现特征

首先，初步感知长方形的特征。

师：从魔盒里一下子出来这么多图形，你们能找到长方形和正方形吗？（出示课件中编码的多种图形，如图19-1所示）

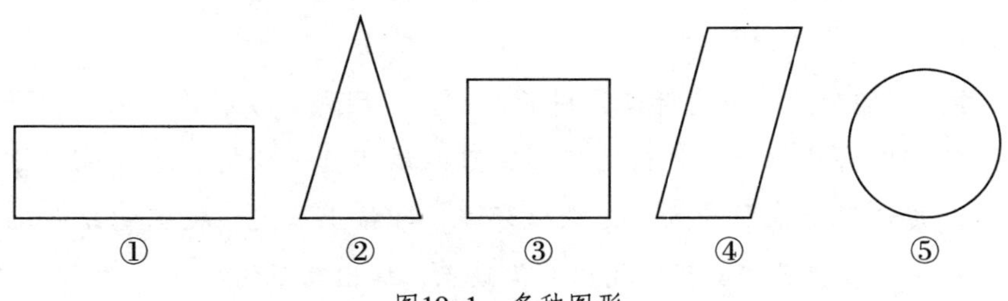

图19-1　多种图形

师：几号是长方形？几号是正方形？

贴出长方形纸板和正方形纸板。今天我们就来认识长方形和正方形，由此导入课题，并板书。

师：这块长方形纸板如果画在黑板上或画在纸上是什么样子呢？看！这是老师沿着长方形的边描画出的图形。这块正方形纸板画在纸上是这样的。我们主要从长方形的边和角来研究长方形的特点。仔细观察长方形，你能发现什么？（也可能有学生说角，角有什么特点？）

预设生1：长方形有四条边。

你真聪明，关注了长方形的边。（贴出边）这四条边有什么特点？

预设生2：长方形的边有长有短。

师：哪两条边长？

预设生3：上下两条边长（或左右两条边）。

师：在数学上，像这样的两条边，叫对边。

师：哪两条边短？

预设生：左右两条边短（或上下两条边）。

师：短的这两条边，是相对的两条边，也称为对边，长方形有几组对边？

预设生：长方形有两组对边。

师：这两组对边又是怎么样呢？没有大胆的猜想，就不可能有伟大的发现。谁大胆猜一猜……

预设生：长边和长边相等，短边和短边相等。

师：也就是对边相等。同学们同意吗？（贴出四条边，对边相等）

师：角呢？

生：四个角，都是直角，并且相等。

师：大家的猜想到底对不对？需要用数学的方法去验证。验证长方形的对边相等，四个角都是直角。

听清要求：同桌两人合作，先独立思考用什么方法验证，然后借助学具长方形纸片、直尺、三角尺来研究。

师：哪个小组愿意把你们研究的成果分享给大家？注意说清楚：①你用的什么方法验证的；②你发现了什么？

预设生1：折一折（指名上台折一折，上下对折，左右对折，发现对边相等，很巧妙的方法；折一折可以验证对边相等）。还有不同的方法验证对边相等的吗？

预设生2：量一量。通过直尺测量发现对边相等，一组对边12厘米，另一组对边7厘米。通过数据发现，长方形对边相等。

师：孩子们，我们每个人都有自己的名字，长方形的边也有自己的名称。在数学上，通常把长方形的长边叫作长（板书：长），短边叫作宽。（板书：宽）

师：那我们就可以用长多少，宽多少来描述一个长方形。

师：谁来说一说你手里的长方形长多少？宽多少？

师：我们用折一折和量一量发现了长方形的对边相等。哪个小组愿意汇报长方形的角有哪些特点？

预设生1：比一比，用三角尺上的直角比一比，发现长方形的四个角都是直角。

师：比了几次？（4次）还有不同的方法吗？

预设生2：比一比，把长方形纸片上下对折，再左右对折。把四个角重合在一起。用三角尺量了一次。

师：谁能完整地说一说，长方形有什么特点？（对边相等，4个角都是直角）

小结：同桌两人合作，通过量一量，折一折，发现长方形的对边相等。又利用三角尺上的直角发现长方形的四个角都是直角。

师：同学们既能动手又能动脑，验证了长方形的特点，你们真是一群小数学家。我们一起读出长方形的特点：长方形的对边相等，四个角都是直角。

教研员评析：教师及时出示活动材料，明确活动要求，并具体指导学生运用数学的工具和方法进行验证。这里突出了量、折、比这些活动环节的设计：量，以不同的长方形为例发现对边相等，归纳得出结论；折，观察两边重合，归纳得出对边相等；比，合理运用三角板进行测量得出长方形的四个角都是直角，注重方法的优化。这样设计，能规范学生认识长方形的基本方法，让学生自主理解长方形的特征。

（三）迁移方法，探究正方形的特征

1. 合作探究

师：我们从边和角两个方面，利用折一折、量一量、比一比的方法得出长方形的特点。大家想一想，正方形的特点可以从哪里开始去研究？

预设生：边和角。

师：大家有很强的迁移、类推能力。请同学们继续借助手中的学具，用刚才我们研究长方形的方法来研究正方形具有哪些特点。

2. 汇报

师：有结论了吗？现在我们来说一说正方形有哪些特点。先来说，角有什么特点，用什么方法验证的？

预设生：用比一比的方法，发现正方形的4个角都是直角。

师：你比了几次角？（4次）

师：你比了几次边？（1次）

师：那么边有什么特点呢？你是通过什么方法验证的？

预设生：用量一量的方法发现每一条边都是相等的。（找两个同学说量的结果）

师：谁还有不一样的方法？

预设生：用折一折的方法。（上台操作折一折的方法。上下对折，左右对折，发现对边相等。角对角对折发现，相邻的边相等）

（课件动态演示）

师：谁有办法让4条边重合？

预设生：再对折，让4条边重合，从而知道4条边相等。

师：巧妙的方法，有价值的一折。

教研员评析：引导学生将验证长方形“对边相等”“四个角都是直角”的方法迁移到正方形基本特征的理解验证过程中。这里，正方形4条边都相等的验证是教学中的一个难点，通过让学生借助素材进行合作探究，再加上教师的适时引导，让学生发现沿长或宽对折两次只能说明对边相等，而要说明4条边相等还需要角对角进行对折。通过学生实际操作和课件动态演示相结合的方式，生动呈现了完整的推理过程。这样，不仅让长方形特征验证的方法在正方形特征验证时再一次得到了及时的巩固和应用，又让学生积累了相应的数学活动经验，从而达到了理解方法、启迪思维的目的。

3. 认识正方形各部分名称

师：谁来说一说正方形有什么特点？

生：正方形的4条边都相等，4个角都是直角。

师：4条边都相等，数学上，正方形每条边的长，叫作边长。（板书：边长，指着黑板上的正方形，每条边的长都是正方形的边长。）刚才谁用的量一量的方法？说一说你手里正方形的边长是多少？有谁的正方形和他手里的不一样？

师：我们在合作、探究、类推中总结出了长方形和正方形的特点。刚才你的猜想正确吗？每个伟大的发现都是在猜想的基础上萌发，再实验总结的。你们都是小小数学家。

4. 长方形和正方形的区别和联系

师：同学们，咱们一起来看黑板，仔细观察，认真思考。长方形和正方形有哪些相同点和不同点？（表19-1）

表19-1　长方形和正方形的相同点与不同点

图形	相同点	不同点
长方形	4条边，4个直角	对边相等
正方形		四条边都相等

生：都有4条边，都有4个直角。

师：那它们有什么不同点呢？

生：长方形是对边相等，正方形是4条边都相等。

教研员评析：通过设计表格，让学生能够通过对比，清晰地找到长方形和正方形的异同点，从而更加深刻地认识长方形和正方形的特征。不仅让学生获得了基本的数学知识与技能，也发展了学生的思维与能力。

（四）巩固练习

1. 练一练

（1）敢接受老师的挑战吗？（图19-2）

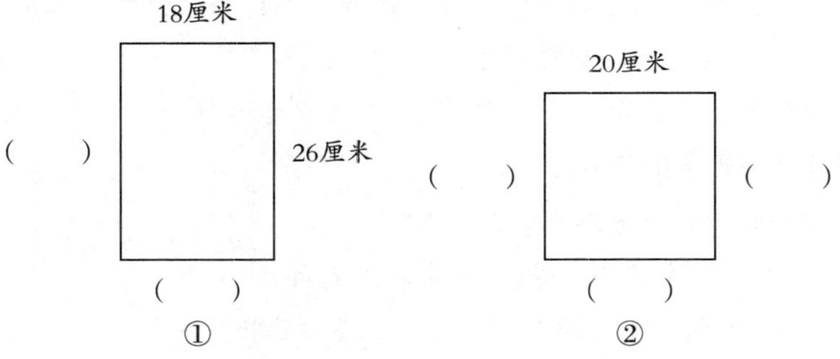

图19-2　练一练

① 号长方形怎样填？（26厘米，18厘米）说说理由。（对边相等）

② 号正方形呢？（20厘米。理由是4条边都相等）

（2）同学们，还能继续接受挑战吗？（旋转长方形）这个长方形，转一下还是长方形吗，为什么？

它具有长方形的特点，不管它的方向怎么变化，依然是个长方形。

（3）根据数据想图形。同学们已经掌握了长方形的特点，我们会描述一个长方形的长和宽了，那给你长方形的长和宽，你能想象它是怎样的长方形吗？左右对比着说。（图19-3）

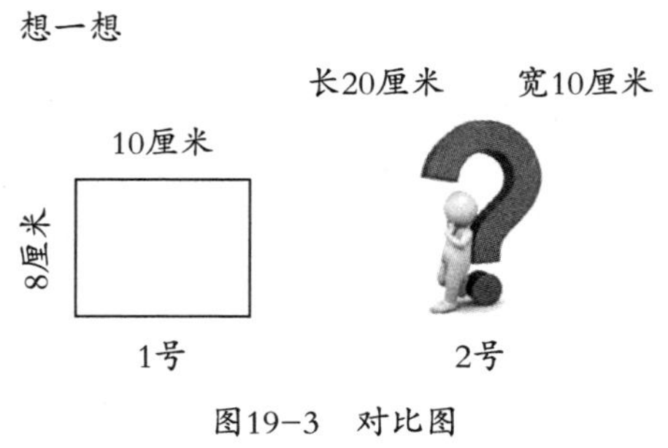

图19-3　对比图

2. 变式训练

继续想象，长20厘米、宽10厘米的长方形（图19-4），对折后可能是什么图形？

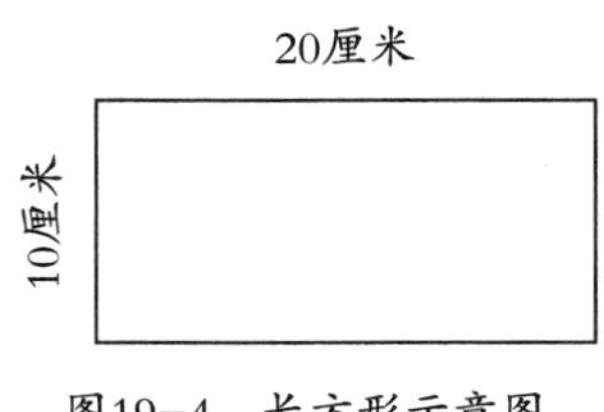

图19-4　长方形示意图

师：沿长对折后长还是20厘米，宽是5厘米；如果我们沿宽对折后，是什么图形？（图19-5）

生：正方形。

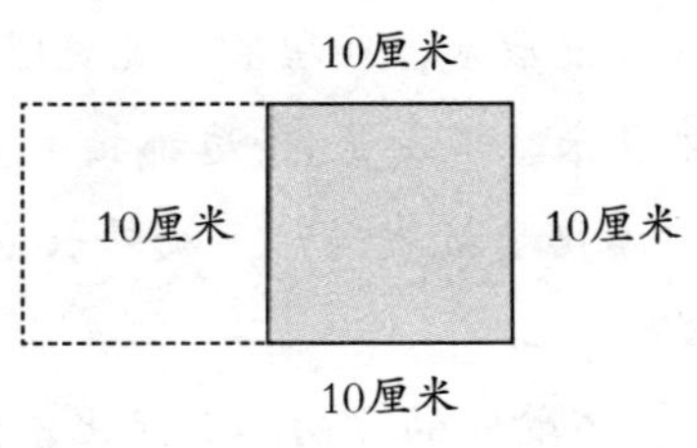

图19-5　对折示意图

3. 发展空间观念，再次巩固特点

师：同学们，我们刚才认识了长方形和正方形，现在闭上眼睛想一想，在你的头脑中有一个长方形吗？它的长是怎样的，宽是怎样的，角又是怎样的？有个正方形吗？……

把这两个图形深深地印在你的脑海里。睁开眼睛请看屏幕，把你心里想的长方形和正方形动手做出来。钉子板可以干什么？

生：围图形。

师：小棒可以？

生：摆图。

师：三角板？

生：可以拼图形。

师：①请把钉子板举起，让老师看看。②用三角尺拼图形的，用两手捏住对角举起来。让老师看看。③用小棒摆的同学回答问题，要摆一个正方形，四根小棒必须怎样？要摆一个长方形呢？

师：同学们非常棒，不仅会学数学，还会做数学。现在请同学们把学具收回学具盒，看哪个小组动作最快。

（五）巩固特征，沟通图形联系

猜图形。

师：同学们，老师的小魔盒里还有一些图形，想知道它是谁吗？一起来猜一猜。（课件出示）

师：我是由4条边围成的图形。

生：四边形。

师：我是由5条边围成的图形。

生：五边形。

师：我是由6条边围成的图形。

生：六边形。

师生：由几条边围成的图形就是几边形。

师：我不仅有4条边，还有4个直角呢？

生：长方形，也可能是正方形。长方形和正方形都有4条边，都有4个直角，这是它们共同的特点。

师：那再加一个什么条件，就可以确定是正方形了呢？

生：4条边都相等。

师：我有4条边，4个直角，而且4条边都相等，现在可以确定是正方形了吗？

生：可以。

师：那到底是一个怎样的正方形呢？

生：……

师：（出示边长是1厘米的正方形）两个这样的小正方形可以拼成什么图形？

生：长方形。

师：长是多少？宽是多少？还可以这样拼……

（课件动态演示拼的过程）

师：那如果有4个这样的小正方形可以拼成什么图形呢？

生：正方形。

师：肯定是正方形吗？

生：还可能是长方形，长4厘米，宽1厘米。

师：可以拼成正方形，边长是多少？4个小正方形可以拼成稍大一点的正方形，一行几个？有几行？

……

师：那如果再拼个更大一些的正方形，需要多少个小正方形呢？

生：9个。

师：一行几个？有几行？

……

师：那如果再更大的呢？用几个呢？拼成的大正方形需要的小正方形的个数有什么规律？这个问题留给同学们课下去探究。

教研员评析：通过设计一系列的针对性练习，由易到难，层层递进，环环相扣，培养学生的空间观念，逐步发展学生观察、猜想、操作、比较、想象、抽象概括以及推理验证等关键能力，从而达到深度学习的目的。

（六）课堂小结，回顾提升

师：这节课，我们认识了长方形和正方形。我们来回顾一下是怎样学习的。我先通过观察图形，提出了关于长方形和正方形边和角的一些猜想，用量一量、折一折、比一比的方法验证了我们的猜想，验证之后发现长方形和正方形的特征。从边和角这两个角度出发，用这些方法，我们还可以认识更多的平面图形。

教研员评析：本节课是一节几何形体概念课，是认识图形的一节“种子课”。当学生在认识其他平面图形的时候，这颗种子便会让其回想起观察、操作、想象和推理的过程，从而在图形认识的过程中生根发芽。本节课紧紧围绕“数学课堂教学要从学生已有的知识经验出发，创设有助于学生自主学习、合作交流的情境，让学生经历观察、操作、归纳、类比、猜想、反思等数学活动，获得基本的数学知识与技能，进一步激发学生的兴趣，发展学生的空间观念”这一理念。首先鼓励他们基于直观和经验主要从边和角作出猜想，再不失时机地要求他们进行验证。最后通过分层练习，感受“方法迁移”“思维推理”。整节课的设计我认为是有深度的，围绕“边和角”两个维度进行了深入探究，较好地实现了分析素材、理解概念、借助素材、总结概念、巩固拓展、应用概念、探究新知，以及练习的拉伸和延展。

经教研员这样一分析，如拨云见日，那堂课的思路顿时清晰了起来，问题凸显了出来，优点呈现了出来，可以改进的措施亮了出来。

1. 发挥评课的激励功能，评课时要以“优点谈足，缺点抓准”为原则

优点谈足，就是要能合情合理地满足人的受赞誉需要，从而使其产生良好的自我感觉，增强其做好工作的自信心，同时使其乐于接受评课人善意的指点；再加上缺点抓得准，自然让人心悦诚服，评与被评双方就会实现较为理想的沟通。当然，有时会遇到优点极少而缺点甚多的课，评价时可以将优点拆大为小分开评，连同表扬其认真的态度和做出的努力。

总之，要先让授课者得到适当程度的认可。缺点多，可归类抓主要的说，或点出缺点的根源，或进行鼓励式的探讨，使授课者感觉到评在点子上，谈在情理中。一般来说，人们对胜任的工作会越做越感兴趣，越做越好，尤其是在工作中时常得到同行的赞誉、认可和鼓励，就会引发强烈的胜任内驱力，从而不断进取。

2. 善于将批评的语言变通为建议或商榷

推敲评课语言即讲究评课艺术。评课活动要起到调动教师教学和研究的积极性的作用。评课者要掌握心理学知识，掌握谈话的策略，不以成败论英雄，对于成功的方面要懂得赞赏，对于不足之处要从探讨、帮助、促进的角度去考虑。

评课要本着客观公正、实事求是的精神，但实话实说也应讲究方法和策略，要讲究谈话的艺术。评课时，既要注意解决必须解决的问题，又要注意说话的技巧、发言的分寸、评价的方向和火候，从帮助、教育、促进的角度去评价，尽量去鼓励、激励教师。评课者要站在执教者与帮助促进者的角度去分析考虑问题，给执教者一个中肯的指导意见，特别是要用一种十分诚恳的态度去评课。要多用这样的方式谈话："如果……会更好""假如这样设计，你看会怎样"等。同样的意思用委婉、激励、启思的方式表达出来，效果会大不一样。

评课的最终目标在于帮助教师提高教学水平，调动他们教书育人的积极性、创造性和主动性。评课者应以关心的态度、切磋交流的口吻来评析，切忌以行家高手的身份居高临下地来指点评价他人。因此评课者应对被评者的教学劳动充分肯定，要及时总结教学经验，充分发掘教学特色，增强评课者的亲和力。同时，评课者还应充分考虑评课环境和被评者的性格特点，以辩证、全面、一分为二的观点看待被评者的成绩和不足。通过评课活动激励教师们勇于创新，潜心于教育事业。

例如，曾有一位校长，从一名普通的教师走上了领导岗位后，听课、评课成了他工作中的重要任务。刚担任校长时，他凭着对工作的满腔热忱，抱着对工作认真负责的态度，认为评课就应该毫无保留地指出被评者的缺点，以帮助教师进步。于是，评课时他往往竹筒倒豆子，全部倒出，被评者面红耳赤，越来越窘。一次评课过后，一位年轻教师见到他如同路人，这件事引起了他的思考：为什么良好的愿望结出苦涩的果实？察其原因，自己的愿望虽好——是想找出差距，评出不足，让被评者吸取教训，积累经验，尽快成为教学能手，但是评课时，自己忽视了被评者的心理感受，说话生硬，语言直白，刚参加工作的年轻人心里怎能接受？后来他改变了评课的方法：注入情感，微笑评课，语言婉转平缓，用欣赏的语气赞美被评者的闪光之处，用商量的口吻指出其不足，用发展的眼光期待被评者获得更大的成功。结果被评者心悦诚服，频频点头，好似遇到良师益友，评课气氛和谐融洽，收到了事半功倍的效果，有力地推动了学校教育教学工作的进行。

总之，评课活动应成为领导和教师真诚对话、心灵交流的平台以及教学探讨、科学研究的园地。只有这样，才能充分发挥评课活动的导向作用、教研作用和激励作用，不断开创教育教学工作的新天地。

3. 要因人制宜、因课而异

裁缝师深知衣服只有使穿者穿得舒适、自然，才是裁缝之道。评课亦然。只有评课者的真知灼见能让被评者乐于接受，这个评课者才能算是一个好的评课者。因此，评课需“量体裁衣”。

对新教师的课，评课时要以热诚、商量、启发的语言为主，对不足、弱点、失误等情况视教师的承受能力，中肯、策略地指出，使其坚定进取信心。对进行教改实验的教师的课，评课时不应求全责备，能总结出一两条新鲜经验加以推广就好，要鼓励教师勇于探索、积极创新。对优秀教师的示范课、观摩课，评课时要按较高的标准要求，突出重点，集中研讨，让听课者畅谈听课收获，以便起到示范带动的作用。对比赛性优质课，要以较高的标准全面衡量，突出优点，指出不足，客观评价，好中选优。对集体备课的课前课，应各抒己见，互相切磋，从严要求，集思广益，充分发挥教师群体的聪明才智，尽量获得更上一层楼的效果。

上好一节课的决定因素在于教师的教学水平，教师的教学水平取决于教师的素养、能力。我们应对执教者的基本情况有所了解，只有这样我们才能根据执教者的具体情况进行具体分析，对不同层次的教师的课做出有针对性的评价。例如，对业务能力差的教师，如果我们用骨干教师的评课标准去评议他，那他的课就会有很多毛病，这可能会挫伤他的积极性和自尊心；对业务能力较强的教师，如果用低水平的标准评价，那么对他的再提高就没有帮助。

例如，某校长评价一名刚上岗两个月的新教师的课：教学内容杂乱无章，“核心素养”顾此失彼，未能处理好数学学科的理性精神与思维严谨的和谐统一，学生的个性化解读被教师“一票否决”……新教师听后，一头雾水，呆呆地愣在那里，不知校长所言为何物。笔者听后，不禁陷入沉思。按理说，校长的这一番“高谈阔论”颇具水平，课标中的“专业术语”如连珠炮般涌出，如“核心素养”“思维严谨”“理性精神”等，而新教师的课也的确如此。这本无可厚非，但是仔细琢磨，这仅是“我”的角度而已。而这位新教师呢？他能否理解这些新名词、新理念呢？还有，从一名新教师的角度来说，校长的要求是过高的。这样的评课，对新教师能有多大的促进作用呢？

评课要因课的类型不同而采取不同的评课态度。对常规性教学检查中的听课、评课，应强调“求实”，着眼于“引领”，实事求是地评价，以引领教师把教学工作做出新水平；对课题研究中的听课、评课，应强调“研讨”，着眼于“创新”，认真展开研讨，鼓励参与者勇于开拓进取，大胆探索创新；对于评估或竞赛性听课、评课，应强调“规范”，着眼于“互学”，严格按评价规范评定，引导参与者互相学习，努力实现专业化。

总之，在评课时，评课者一定要量体裁衣，进行恰如其分的点评，这样的评课才真正有效。

4. 要注重理性分析

评课本质上是一种价值判断。评课者将根据自身的教育理念、所掌握的教育理论对被听的课进行判断。在课程改革的大环境下，每位评课者又会根据课标及素质教育的要求进行评判。这些判断、评价都将受评价者自身素质和所处环境的制约。因此，对同一节课、同一种教学行为，不同的评价者可能会得出不同甚至相反的结论。

追逐时髦，脱离实际，只套些时尚的理论和时髦的评语，是没有多大的指导价值的。评课，是对教师和学生在课堂上的活动及其由此引起的变化进行价值判定。课堂不是舞台，学生不是道具，教材不是剧本，教学不是表演。课堂应该回归其本来的面目。教学是艺术，但艺术并不等同于表演。

评课必须以符合学科教学实际的“评价指标”来规范教学，以建立在学科教学实践基础上的理论来阐发思想和点拨教师，以帮助教师反思总结，改进教学。“正确的评价思想”和“对症下药的具体分析”是点评一节课的总体要求。

（1）以正确的评价思想作为指导。

① 要以理析课，突出指导性。

评课要根据现代教育教学理论、素质教育的理论观点，突出前瞻性和指导性。对于一节课的优缺点、成功经验与典型失误、有待解决的突出问题，要从理论上做深刻剖析，从理性上找到根源，从实践上指出解决的方法，做到以理析课、以理导课、以理服人。对于一节课的教法与学法，要善于归纳总结、补充完善，以便提出改进建议，指导教学。

对于授课者的成功经验与典型失误，评课者要从理论上做深刻解剖，进而指出实践中解决问题的思路、方法，做到以理服人、以理说课。

② 要以效定性，突出科学性。

任何教师都希望把课上好，在实施教学前都做过一定的准备，评课不能把执教者良好的愿望当作效果，更不能把不切实际的标新立异当作经验加以褒奖，亦不可把一时的失误当作话柄加以嘲笑，切忌把自己的主观偏见强加于人，而应该让事实说话，依效果做出评判。

③ 要突出重点，增强针对性。

评课要根据不同的课型、不同的对象择其要领重点评述。从一般意义上讲，对初上讲台的教师，评课应重在教学设计的目标性、逻辑性，教学操作的规范性、技巧性等方面，以促使他们能够较好、较快地适应教学工作，达到“会教”的目标；对从教多年的骨干教师，则应加大用现代教育理论观点评析的力度，重在教学过程构建的创新性、开拓性，教学操作的艺术性和个性化，以促使他们进入教学改革的前沿阵地，形成自己独特的教学风格，成为学科教学的领路人。

（2）对症下药的具体分析。

理性地评价一节课，一般应从教学目标、活动设计、学习过程和教学效果等几个方面进行考查。

① 看教学目标。

教学目标是教学的出发点和归宿，它的制定和达成情况，是衡量一节课好坏的主要标准。所以，评课首先要看教学目标。一是看目标的表述是否准确、具体、科学合理、具有可测量性；二是看教学目标是不是明确地体现在每一个教学环节中，教学手段是否都紧密地围绕目标，为实现目标服务；三是看教师在课堂上是否尽快地引出重点内容，重点内容的教学时间是否得到保证。总之，教学目标应是可以观察、可以测量，最终可以达成的行为目标，它规定的是学生应该学什么、怎样学，而不是教师应该教什么。

② 看教学活动的设计。

教学活动是教师上课的脉络和主线，它是根据教学内容和学生水平两个方面的实际情况设计出来的。它能够反映一系列教学措施怎样编排组合、怎样衔接过渡、怎样安排详略。教师课堂上的活动设计是多种多样的。为此，我们评课看教学活动设计时，一要看教学活动的内容是否符合学生的经验水平，活动的内容是否明确、具体，活动类型与活动内容是否相统一；二要看教学活动是否体现教育的价值，能不能给学生以新鲜的感受；三要看教学活动之间是否紧密联系，具有逻辑性和层次性，活动的展开过程是否契合学生的思维过程；四要看教师在课堂上教学活动实际运作的效果。我们平时听课，有时看到有些教师课上不好，效率低，很大一个问题就是教学活动设计不合理，或教学思路不符合教学内容实际和学生实际。所以我们评课时，必须注重对教学活动设计进行评价。

③ 看学习过程。

教学的本意不仅是教学生“学会”什么，更重要的是让学生“会学”，让学生乐学。从这个意义上来看，评课要关注学生的学习过程，从学生参与学习的过程与态度来衡量教师的教学设计，以学生学习的效果来确定教师的教学效果。要评价学生是否主动参与以及学生的学习过程是否有效，可以从以下几个方面来看：学生的学习心境、学生自主活动的时间和空间、学生的思维发展等。

以学生的学习心境为例，学生的学习心境应该是愉快的、舒畅的。学生在课堂上如果能够持久地保持良好的学习心境，那么他的学习效果一定会很理想。学生如何才能一直保持良好的学习心境呢？那就需要看教师组织的教学活动是否有新意，能不能调动学生的学习兴趣和学习积极性了。

④ 看课堂教学效果。

课堂教学效果是评价课堂教学的重要依据。好的课堂效果包括以下几个方面：一是教学效率高，学生思维活跃，气氛热烈；二是学生受益面大，不同程度的学生在原有基础上都有进步，科学态度、科学知识、科学方法目标都能达成；三是有效，在有限的学习时间里学生学得轻松愉快，积极性高，问题当堂解决，学生负担合理。

当然，要想真正评好课，我们必须加强学习，学习新的教学理念，学习教育学、心理学、美学、演讲与口才，学习课的模式，掌握学科特点，熟悉各种课型，并在实践中学会推敲点评的语言，这样才能给优秀者锦上添花，给不足者雪中送炭，使点评别有一番风味。

⑤ 要抓住教学亮点。

评课人员要抱着学习的心态，善于发现教师教学过程中的闪光点，允许教师构建自己的教学模式，形成自己的教学风格。要鼓励和保护教师在课程实施过程中的创新意识和创新行为，鼓励教学追求鲜活适宜，切忌单一枯燥。

评价教师要先看教学方法的改革与创新。评价教师的教学方法既要评常规，还要看改革与创新，尤其是评析一些高素质的骨干教师的课，更要看课堂上的思维训练的设计，看创新能力的培养，看主体作用的发挥，看新的课堂教学模式的构建，看教学艺术风格的形成，等等。还要看新的教学方法与现代化教学手段的运用是否适时、适当。

以能力培养为例，评价教师在课堂教学中对学生能力的培养情况，可以看教师在教学过程中是否充分确立学生在课堂教学活动中的主体地位，为学生创设良好的问题情境，强化学生的问题意识，激发学生的求知欲；是否注意挖掘学生内在的因素，并加以引导、鼓励；是否培养学生敢于独立思考、敢于探索、敢于质疑的精神；是否培养学生善于观察的习惯和心理品质；是否培养学生良好的思维习惯和提高学生思维水平，教会学生从多方面思考问题，多角度解决问题；是否努力创设宽松、民主的课堂教学氛围等。

评课的立意应体现在“新”字上，即关注新的教学思想、新的教改尝试、新的教学手段和方法、新的训练形式。只要授课者有一点点创新之处，就要给予充分的肯定。

教师备课应当深入研究教材，精心设计教学过程，但教学过程中一切按“预设”实施而没有“生成”的课绝不是一节好课。“生成”，需要教师的教育机智。在新课程理念下，教师的教育机智主要表现为对课堂“生成性”的把握和诱发。

要实现课堂教学的生成，教师应具有一双慧眼，善于发现、抓住、挖掘课堂中的教育教学资源，有效进行思想品德教育、审美教育、创新教育，有效进行学习习惯、探究能力、创新能力、实践能力的培养。

课堂教学生成的实现，还要以教师高度的修养、深厚的功力、广博的知识、熟练的技巧和丰富的经验为基础，部分教师固守“预设”不肯“生成”的原因不外乎两个方面：一是缺少符合时代要求的教育理念；二是缺乏左右逢源、应付自如的业务功底。

教学应从预案出发，又不死守预案。课改提倡的是教师遵循教学的基本规律，根据自身的特点、条件和学生的实际情况以及课程的价值，科学地设计课程目标，艺术地准备教学预案，灵活地运用教学预案。教师要精心设计学习问题，注重培养学生的质疑能力以及问题解决能力，要根据学生的实际反应对教学设计做有效调整，体现课堂重心由“教”向“学”的转移。

课堂教学，不可能完美无缺，有瑕疵、有遗憾都是正常的，但必须有自己的亮点。这个亮点可以是对某一个细节的处理，可以是对某一个环节的设计，也可以是对某一个方法的尝试。总之，只要是经过自己的认真思考和积极努力的内容都可以。评课应当促使教师放开手脚，调动教师钻研探索的积极性，激发课堂教学的活力，让教师摆脱课堂教学的形式主义，将关注点真正移回课堂教学本身。

我们在评课时，反对不着边际的“纸上谈兵”，力求说出自己的一点感受、一点反思、一点认同或者一点异见。每位老师上课所采用的方式都不尽相同，给人的印象也是各有个性特点，评课者应该善于发现授课者的教学特点，并将其展示给其他听课者，这是培养个性化教师的佳径。

评课并不仅是评一评授课者的课如何，还要有更深层的价值，即通过评别人的课，展示自己的教学水平和科研深度。评课不仅研究授课者的思想，更应该体现出评课者对教育的独特感悟。这样去评一节课，既能使被评之课本身的优点得以发扬，又能使他人从评课者的评议中有所收获。

5. 要倾听教学意图

评课就其本质而言，是评课者和执教者共同探讨教学规律的过程。在评课过程中，要充分发扬民主精神，尊重执教者，认真倾听执教者对上课的设想。不要以专家、权威自居，应平等地和执教者切磋琢磨，共同研究。

素质教育进课堂，新课程带来新课堂，有一系列问题需要探索。评课作为教师群体对课堂教学进行研究的重要手段，需要评课者与执教者的对话，评课者必须倾听执教者的教学意图。

倾听，就意味着一种接纳，意味着一种真诚的平等和尊重。忽视倾听，甚至拒绝倾听，就会失去相互了解的机会，失去教学研讨的前提和根基，评课就会变成单边行为。倾听是交流的一部分，只有倾听才能实现心灵的沟通，使课堂充满生命的律动。尊重他人，倾听是重要条件。

（1）要倾听执教者的自我评价。

评课时应当首先让执教者自评，让执教者说明教学设计及意图，阐述实践体验，表达感受看法，对自己的优点与不当之处作出反思、评价、解释。这样就会营造出一个浓厚的研讨氛围。大家群策群力，教师与评课者共同成为评课的主人，创造的火花就会很容易迸发出来。

在评课中要鼓励教师为自己的教学“申诉”“辩解”，只要言之有理，都应当给予尊重。

执教者有刚参加工作不久的新教师，也有经验丰富的老教师，有新秀，有骨干，也有能手、名师，有活跃型，也有内向型，有严肃型，也有可亲型，形形色色，各有差异。作为评课者，为了达到评课的目的，一定要学会倾听执教者的自评，从而作出判断，作出点评内容的取舍，切不可一意孤行。因为任何人的点评都是“仁者见仁、智者见智”，评课本来就无法用条条框框的标准准确量化，只有评课者与执教者达成一致，点评内容才能落到实处。

评课即对话，这里的对话不仅是指对话双方的言谈，更是指双方内心世界的敞开，是对对方真诚的倾听和接纳，是在相互接受和倾听的过程中实现智慧的共享和情感的交融。

（2）必须杜绝“话语霸权”。

学会倾听执教者的自我评价，是建立评课民主、共享文化的基础。只有执教者的自我评价得到了重视，才能激发他们不断进取的意识。在评课过程中，当执教者的意见与评课者的理念有冲突时，评课者，特别是作为教研人员的评课者，要本着改进教学、服务教师的目的与执教者认真商讨，不能凭借自己的职业角色硬性要求执教者认同自己的理念。评课者，特别是教研人员应当杜绝“话语霸权”，不以自己的好恶评判执教者的课，不把自己的观念强加到执教者身上。要以合作者的心态，抱着真诚、合作的态度，以朋友的身份与执教者商讨哪种教学模式或教学方法更加适宜，要允许执教者选择自己喜欢的教学模式或教学方法，与执教者共同打造精彩的课程。

评课过程是切磋教学艺术、琢磨教学智慧的过程，评课现场是一个心灵交会、情感碰撞的磁场，所以我们要善于倾听执教者的教学意图，从倾听开始开展评课。

6. 要重视以学论教

课堂教学是教师组织和引导学生进行有效学习的过程。课堂教学的主体是学生，教学目标的落实最终体现在学生的学习过程之中。课堂教学评价应注重“以学论教”，即以学生的“学”评价教师的“教”。教师的一切劳动，都是在为学生的学习和发展服务的。因此，课堂教学评价要改变传统的以“评教”为重点的情况，把评价的重点转到“评学”上来，即通过评价学生的学习状态和学习效果，更多地关心教师的教学活动是否切实有效，以此促进教师转变观念，改进教学。

评价一节课是否成功，首先应该关注的是学生的学习状态。学生是课堂的主人，是学习活动的主体，是教学活动的出发点和归宿。“以学论教”，即重视学生对知识的掌握程度、学生能力的形成程度、学生思维的发展程度等，让每一个学生都在原有基础上得到发展。从一定意义上讲，评价一节课的关键并不在于教师教得如何，而在于学生学得如何。

“以学论教”包括哪些方面呢？

教学是教师的“教”与学生的“学”的统一。在“教”与“学”的辩证关系上，新课程强调“教”要为“学”服务，强调课堂评价注重教师主导与学生主体的结合。

“以学论教”的评价观包括哪些方面呢？

（1）学生学习的参与度。

学生学习的参与度包括学习活动参与的广度、深度与自觉程度。评课时要看课堂上学生是否积极投入学习，主动思考问题；看教师是否努力创设平等、民主、和谐的气氛，给学生以学习轻松自由、乐趣无限的感觉；看教师能否采取各种有效的手段和方法，调动学生的积极性，点燃学生的学习热情，让学生广泛参与到自主学习、合作探究中去。

（2）学生思维的激活度。

观察学生思维的激活度即观察教师设计的问题情境、教学方法、学习活动是否能够真正有效地促进学生思维的灵活性与广阔性、敏捷性与逻辑性、变通性与独创性，是否能使学生的创新意识和创造精神在学习中逐步得到发展和提高。评价时要看课堂上教师设计的问题是否生活化、灵活化、丰富化，要看教师是否善于推动学生积极思考，让学生在丰富多彩的活动和实验中学到知识、增强能力，让学生富有个性的发现迸发出思维的火花，并在师生亲切的合作交流、探索中得以修正、补充和完善。

（3）教学目标的达成度。

教学目标的达成度即课堂教学要让学生在知识与技能、过程与方法、情感态度与价值观三位一体中得到全面发展这个目标的达成情况。课程的功能变了，课堂教学不只是知识与技能的训练，而是应创设氛围情境，注重学习方法的传授、思维过程的展示，给学生体验和领悟的机会。评课时要看教学是否促进了学生发展，是否引发了学生继续学习的愿望，让学生在潜移默化中受到高尚情感的熏陶和感染，为学生形成良好的价值取向和人生观奠定基础。

“核心素养”理应成为评价一节课是不是好课的基本标准。

7. 要有评课机制

（1）要注重记录课堂教学事件。

课堂教学事件即课堂教学中的细节行为。有很多教师听完一节课，到了评课的时候，却评不上来。为什么？他记不住课堂上都发生了哪些关键性的事件。这些教师的注意力与教研员的注意力不在一个点上，教师们看得很散，说明不会听课，有些注意到“这个问题没讲”“这个问题用这种方法展示好”——他只看到细枝末节，看不到课堂中最关键、最致命的东西，那就是教学事件。每节课都会有大大小小的事件，每一位观课的教师，都要会记录课堂中的事件，而且这些小事件记录得越详细越好。“细节决定成败，态度决定一切。”课堂中的细节反映教师的理念和素养。同样，只有关注到课堂教学中的细节，点评才有着落，研究才有深度，评课才能精彩！

（2）要注重综合评析。

所谓综合评析就是指评课者对一节课从整体上做出全面、系统性的评价。通常的做法是先分析后综合。综合评析包括以下内容。

① 从教学目标进行评析。

从教学目标的制定来看，要看其是否全面、具体、适宜。从目标达成情况来看，要看教学目标是不是明确地体现在每一个教学环节中，教学手段是否都紧密地围绕目标，为实现目标服务。

② 从教材处理进行评析。

我们在评析教师的一节课时，既要看教师知识教授的准确性、科学性，更要注意分析教师在教材处理和教法选择上是否突出了重点、突破了难点、抓住了关键。

③ 从教学程序进行评析。

一看教学思路设计。既要看教学思路设计是否符合教学内容实际与学生实际；又要看教学思路的设计是否具有一定的独创性，给学生以新鲜的感受；还要看教学思路的层次性。有些教师课上不好，效率低，一个很大的问题就是教学思路不清，或教学思路不符合教学内容实际与学生实际。所以，评课时必须注重对教学思路的评析。二看课堂结构安排。教学思路应侧重教材处理，反映教师课堂教学的纵向教学脉络，而课堂结构应侧重教法设计，反映教学横向的层次和环节。课堂结构是指一节课的教学过程各部分的确立，以及它们之间的联系、顺序和时间分配。课堂结构也被称为教学环节或步骤。

④ 从方法手段进行评析。

教学方法既包括教师的教学活动方式，也包括学生在教师指导下"学"的方式。教学方法，主要看是不是量体裁衣，优选活用，看教学方法是否多样化，看教学方法是否有改革与创新，看是否运用现代化教学手段，等等。

（3）要注重听课性质。

听课、评课，除遵循课堂教学评价的一般规律外，针对不同性质的听课，不同的授课目的，把握不同的评价角度也是尤为重要的。

① 评新教师初试课，突出"指导帮助"。

执教初试课的主要是实习教师和刚从事教学工作的新教师。新教师上课，由于缺乏教学经验，往往问题比较多，他们需要疏导和帮助。评课时立意不要过高，首先要充分肯定他们的成绩，认真分析，进行指导，热情地帮助他们找出防止或处理类似问题的办法，使他们不断提高教学水平和课堂组织能力，从而使年轻教师的课堂教学尽快"过关"，进而"达标"。

② 评教学研究课，突出"问题研究"。

研究课重点研究教学改革问题。因此，无论是授课还是评课，都要从研究的角度出发。评教学研究课时，特别要注意以下几点：第一，根据研究侧重点，听课要有重点，评课要有核心；第二，要探讨和切磋问题，直抒己见，参与商讨，针对问题明确提出自己的建议；第三，给予执教者精神上的鼓励，以号召更多的教师参与研究。总之，对教学改革要采取支持和保护的态度，要从推进教改的愿望出发，既要充分肯定教改的成功经验，又要指出教学中存在的问题及进一步改进的方法，使教学改革不断完善，从而保证评课的导向功能。

③ 评检查性随堂课，突出“实事求是”。

评检查性的随堂课时，一定要实事求是。有一说一，有二说二，成绩说够，缺点说透。但考虑到检查教学时可能出现的复杂问题，在评课形式上应灵活多样，既要指出存在的问题，又要考虑到教师的心理承受能力。

④ 评教学评优课，突出“总结推广”。

评优课不仅要统一标准，从严要求，分析对比，选拔优秀，更要在评比中肯定成绩，总结教学经验，将评优与推广先进的教学经验结合起来，以推动教学改革。